Bremische Schmunzelgeschichten
Band 1

Auf gut Bremisch

Ernst B. R. Dünnbier

Bremische Schmunzelgeschichten

Auf gut Bremisch

Beobachtet, zugehört, aufgeschrieben –
so wie es klingt und verstanden werden soll –
als Erklärungsversuch auch für Nichtbremer

Mit Illustrationen von Margret Rink

Edition Falkenberg

Abbildung auf dem Umschlag:
Margret Rink

Bildnachweis:
Die Illustrationen stammen aus der Feder von Margret Rink, die uns freundlicherweise Ihre Genehmigung für den Nachdruck erteilt hat.

Alle übrigen Abbildungen stammen aus dem Archiv des Autors.

Dieses Buch ist erstmals 1997 im Verlag H. M. Hauschild unter dem Titel: Auf gut Bremisch erschienen.

1. Auflage 2015

Bgm.-Spitta-Allee 31, 38329 Bremen

produktsicherheit@edition-falkenberg.de

ISBN 978-3-95494-061-5
www.edition-falkenberg.de

Inhaltsverzeichnis

Vorwort zur Neuauflage

Mit drei Bänden dieser neuen von der Edition Falkenberg wieder aufgelegten Serie des Bremer Schriftstellers Ernst B. R. Dünnbier wird ein Erklärungsversuch (auch für Nichtbremer) wiedererzählt, was man als Besonderheiten »so im Vorbeigehen« beobachten und erfahren kann.

Und wie in allen drei Bänden des Autors hat Margret Rink als Illustratorin die bildliche Ergänzung beigetragen. Damit wird klar bewiesen: Wir Bremer sind nicht steif und stur!

BREMEN

Echt und solide,
verständig – nicht prüde,
ehrlich und heiter,
das hilft uns weiter,
ohn' dass wir uns schämen:
So sind wir in Bremen!

Ein paar Bemerkungen vorweg

Wegen seiner Vorliebe für Bremer Eigenarten und Besonderheiten, die den »Hiesigen« wegen der Bremer »Gediegenheit« von anderen Mitbürgern und Zeitgenossen unterscheidet, ist der »Tagenbare« ERNST B. R. DÜNNBIER (1921), aufgewachsen am Wall, inzwischen in seiner Vaterstadt als Schriftsteller und Vortragsredner gut bekannt. Er hat immer einen Zettel und einen Schreiber bei sich, um festzuhalten, »was man so sagt«, wie etwas »auf gut bremisch« klingt und wie es erinnernd heißt: »Ja, so war das damals auch schon!«

So hat er eine besondere Schwäche bewahrt für alles Bremische und fühlt sich dabei insbesondere dem Hafengeschehen, den dort tätigen Menschen und überhaupt allem, was mit der Seefahrt zu tun hat, eng verbunden. In der Schnelligkeit moderner Technologie-Entwicklung und der fortschreitenden Wandlung der Alltagssprache liegt die Gefahr, dass fremdsprachliche Begriffe und neue technische Ausdrücke sich schnell weiter ausbreiten und althergebrachte Sprachgewohnheiten völlig überdecken. Die Befürchtung ist durchaus berechtigt, dass die typische Bremer »Hafensprache« immer mehr in Vergessenheit gerät.

Deshalb hielt er es an der Zeit, die in zwei weiteren Büchlein festgehaltenen »Schnäcke«, Redewendungen, Wortbildungen und Fachausdrücke – wie auch von vielen interessierten Lesern gewünscht – in diesem Band wieder aufleben zu lassen, selbstverständlich dabei um neuere Erkenntnisse und Erfahrungen bereichert. So soll sich der Leser daran erfreuen, »was ein so saacht« und »was für einen das ist«.

Auch wird der Versuch unternommen aufzuzeigen, worin sich ein Bremer von anderen Hanseaten unterscheidet und was an der Redensart »Ick bün doch keen Bremer« wirklich dran ist. Und weil man im Hafen, an Bord und unter alten Bremern überhaupt noch gern Platt spricht, das sich einer steigenden Beliebtheit auch bei jungen Menschen und Schulkindern erfreut, bringt er ebenfalls eine Auswahl mundartlich wiedererzählter Geschichten und niederdeutscher Beiträge.

Bremer werden sich hoffentlich daran »högen«, und es ist zu wünschen, dass das hier Dargebrachte auch Nichtbremern gefällt. Zumindest ist es das Bestreben dieses Buches, für Verständnis zu werben, damit die bremischen Eigenschaften auch »richtig ankommen«. Und damit es auch optisch Spaß bereitet, hat wiederum MARGRET RINK für Illustrationen zu einzelnen Themen gesorgt. Insofern ist mit »BREMEN BEST« sowie »AUF NEPTUNS DREIZACK AUFGESPIESST« nunmehr eine typische Trilogie daraus geworden, eben »AUF GUT BREMISCH«: »… und das freut ein denn ja auch!«

Die Eltern haben Platt gesprochen;
Wir haben längst damit gebrochen,
Denn wenn man etwas Bildung hat,
Blamiert man sich so mit dem Platt!

»Minsch, blameer de Ollern nich,
Dat verdeent se wirklich nich.
Beide Sproken möt bestohn,
Keene draff us unnergohn.

Kanns mit mi geern plattdüütsch snacken,
Diene Billung geit nich sacken.
Wer twee Sproken spräken kann,
Is keen Döskopp, glof dat man!«

Wo fängt man einen Bremen-Besuch an?

Am Roland, im Ratskeller oder im Hafen!

So wird dem Gast Bremen gleich von seiner besten Seite vorgestellt.

Ein Bremer danach befragt, wie es ihm geht oder auch vielleicht »wie einen dagegen ankommt«, gibt als erschöpfende Antwort: »Na, so ehm unt ehm!« – Das heißt, dass man sich zu arrangieren weiß, ist aber auch Ausdruck wohlgeübter Unterkühlung, um nicht drastisch sagen zu müssen: »Dat geiht di gor nix an!« Er handelt immer nach der Devise: »Nur nich keinen Streit vermeiden!« Ansonsten gilt die kurze Begrüßungsformel: »Tsieh, geht's denn?« mit der gleichfalls knappen Erwiderung: »Na, muscha woll!« – Das ist nicht plattdeutsch, sondern typisch bremisches Missingsch.

Hat man sich länger nicht gesehen oder trifft sonst irgendwo in der Welt aufeinander, dann ist ein »ischa woll nich die Möglichkeit!« der Ausdruck höchsten Erstaunens, weil es seit dem letzten Mal nicht erst ein paar Jahre, sondern schon viel länger – nämlich »seit Djahrenden« – her ist. Und mit einem freundlichen »Tschüss ok!« ist solche Begegnung dann auch schon wieder beendet.

Doch trifft man sich im Hafen, dann heißt es zu jeder Tageszeit (auch abends) schlicht nur »moin – moin!« Das jedoch muss man dem Gast schon erklären, falls er selbst kein Nordlicht ist. Das altdeutsche (und auch artverwandt niederländische) Wort für gut ist »moije«, deshalb statt »moijen Dag = Guten Tag« eben das schlichte »moin«.

Moin – moin!

»Moin – moin!« heißt es hier an der Küste.
Als ob das nicht jedermann wüsste:
»Moin – moin!« hat sich bestens bewährt,
damit machst du nie was verkehrt!

»Moin – moin!« kann zu allen Gezeiten
die freundliche Grußform bestreiten,
egal ob es früh oder spät,
weil's mit »Moin – mein!« am besten geht.

Das »Tschüss« hat sich dagegen inzwischen weit bis zum Süden hin eingebürgert und ist eigentlich eine Abwandlung vom französischen Adieu. Sogar in der Schweiz und in Österreich beginnt es bereits, das dort übliche Servus zu verdrängen. –

Die Sprache des Hafens ist kräftig und deftig, dabei stets gerade heraus und unmissverständlich. Bei uns hier gilt: »Hoch or platt, drög or natt, groff or fien – echt mutt sien!«

Für den erstmals nach Norddeutschland und nach Bremen kommenden Besucher wird vielleicht manches zunächst unverständlich klingen, denn im Hafen wird untereinander ein urtümliches Platt gesprochen; genau so war es an Bord, solange es noch Schiffe unter deutscher Flagge und mit deutscher Besatzung ab. Das jedenfalls versteht jeder Jantje (Seemann): Hol Ogen op un kloren Kurs, sunst supst du af un bist inn Mors.

Die Sprache des Seemanns aber ist auf eine wundersame Weise international. Wenn dagegen ein Bayer, ein Sachse und ein Ostfriese urplötzlich aufeinandertreffen und versuchen sollten, sich miteinander in ihren eigenen urwüchsigen Heimatsprachen zu unterhalten, wird erst nach einer längeren akustischen Eingewöhnung erreicht, dass man einander versteht. – Doch wenn Seeleute einander begegnen, dann ergibt sich ein lebhaftes und gestenreiches

Sprachengemisch, das der Spanier mit »ensalada« bezeichnet, also ein Sprachensalat aus deutsch, englisch, französisch, spanisch und noch weiteren Sprachbrocken. Das wird überall auf der Welt verstanden und funktioniert mit erstaunlicher Treffsicherheit. Nur aufschreiben kann man das nicht. (Als modernes Gegenbeispiel könnte man höchstenfalls die Computersprache anführen, die allerdings den Uneingeweihten mehr als »Techno-Chinesisch« vorkommt.) – Aber ein Wort gehört nun überhaupt nicht zum Sprachschatz des Seemannes, und das ist das nicht auszurottende »Ahoi!« als Inbegriff aller Seemannslieder.

Die gutmütige Sprachkabbelei zwischen Hafenarbeitern und Seefahrern kennzeichnet z.B. der Zuruf »Hei lücht!«, wenn der Hafenrundfahrtdampfer vorbeifährt und aus dem Lautsprecher die geschichtenträchtigen Erklärungen ertönen. Dann bekommt »Jan Schauermann« lange Ohren und kennzeichnet die dabei geklopften Sprüche als Lügengeschichten, eben mit »hei lücht«. Und das ist schon wieder eine sprachliche Abwandlung, denn es müsste eigentlich »hei lögt« – er lügt – heißen, während »hei lücht«, er leuchtet bedeuten würde. – So einfach ist das, jedenfalls für uns hier.

Das »Seemannslatein« dagegen ist überhaupt keine eigene Sprache, sondern allenfalls eine eigenwillige Form des Erzählens von für andere unglaublich klingenden Erlebnissen. Und dabei wird überhaupt nicht und »nie nicht« – gelogen, auch wenn es als ein »lögenhaft Vertellen« eingestuft wird. Ein Seemann sagt immer die Wahrheit – zumindest so, wie er sich erinnert. So ein klein wenig Ausschmückung ist doch nur dabei, um die jeweilige Geschichte etwas farbiger zu gestalten. Dann klingt das alles viel besser. – Und nicht alles gesagt, ist doch noch lange nicht gelogen. Was man getan und erlebt hat, so wie es wirklich war, das glaubt zu Hause doch keiner. – Versuchen Sie es einmal! – Und auf platt klingt das auch noch viel verträglicher: Schietweer kannst seggen – aber nicht auf hochdeutsch; un to'n Schietkerl kannst ok mol »du Heini« seggen, aber zum Chef »Sie Heini« ist echt hochdeutsche Beleidigung. »Du Döskopp« is fründlich – aber »Sie Dussel« ergibt zumindest eine Abmahnung.

För't Vertellen holl ick mi an dat Rezepp von den olen Koptein: Wenn he allens seggt, wat wahr is – denn hett he opsneen; wenn he seggt, wat wiss nich wahr is – denn glöwt dat elkeen; wenn he nich veel seggt – denn is dat meist höllsch verdächtig; wenn he een beten toveel seggt – denn is he een Sabbelmors; wenn he blots dat seggt, woran he sick erinnern kann – denn mutt een vörsichtig wäsen; wenn he blots seggt, worüm he frogt weer – is he een Drömbüdel: doch wenn he daröwer snackt, wat sien eegen Erfahrung sünd – denn will keeneen dornah hanneln.

»Ick bün doch keen Bremer!« … so hört man wohl einen Nichtbremer sagen, und dann noch mit dem Zusatz: »Ich bin doch kein Bremer und lass mir die Arbeit aus der Hand nehmen!« – So wenig kennt man uns, denn: Wir lassen uns die Arbeit nicht aus der Hand nehmen! – Was wir erst einmal angepackt haben, das führen wir auch durch, ganz egal was andere davon denken. Nur gehen wir den Dingen auf den Grund, gehen sie nicht überstürzt an, sondern mit Bedacht und dennoch mit Wagemut. Darum steht auch als Bremer Wahlspruch am Haus Schütting, dem Sitz der Handelskammer am Markt:

»Buten un binnen – wagen un winnen«; wobei mit »winnen« nicht Gewinn im Sinne von Profit gemeint ist, sondern der beharrlich erreichbare Zielgewinn.

Der Sinn dieses Wahlspruches liegt auf der gleichen Linie wie die andere Jahrhunderte alte Erkenntnis: »Bremen wees gedechtig; lat nich mehr in, du bist deren mechtig!«

Auch dafür ist die Erklärung wieder ganz einfach: »Es ist zu bedenken (gedechtig), dass man nicht mehr übernimmt (inlaten), als man in seiner Macht bewältigen kann (mechtig wesen).«

Auch das überall bekannte **»Dreimal ist Bremer Recht«** bedeutet, die Dinge mit Bedacht anzugehen, das Wesentliche nicht aus den Augen zu verlieren und nach reiflicher Überlegung das Richtige zu tun.

Darum: *»Ick bün een Bremer!«*

Dreimal ist Bremer Recht

Für die weit verbreitete Redensart, die zuweilen auf die konservative, gründliche Art bremischen Wesens bezogen wird, gibt es viele Deutungsversuche. Sie beziehen sich auf die in der Volkskunde belegte, überall beliebte Verwendung der Dreizahl, »Aller guten Dinge sind drei«. Überzeugender scheint die rechtsgeschichtliche Wurzel, z.B. bezogen auf die drei Rechte oder Vorrechte der Bremer: »das Tragen von Gold und Pelzwerk für die Ratsherren, eigene Gerichtsbarkeit, freie Schifffahrt auf der Weser« – oder auf die von Kaiser Friedrich Barbarossa in der Urkunde von 1186 verliehenen drei Rechtssätze über die Freiheit derjenigen, die ein Jahr in der Stadt gelebt haben, über die Bewahrung des Erbes durch den Stadtvogt für den nächsten Mannserben und über die Sicherung von Grundeigentum nach einjährigem Besitztum.

Vielleicht hat die Bedeutung der kaiserlichen Rechtszusage die genannten Rechtsnormen im Bewusstsein der Bürger und ihrer Nachbarn derart gesteigert, dass sie sich in dem Spruch »Dreimal (dreifach) ist Bremer Recht« ausgeprägt haben (lt. Werner Kloos, Bremer Lexikon).

Eine weitere bremische Eigenart ist der ausgeprägte Bürgerstolz, sowohl was die Liebe zu seiner Heimatstadt anbelangt als auch seine Einstellung zur Übernahme von Verantwortlichkeit. Großsprecherische Protzerei hat es in der bremischen Geschichte nicht gegeben, und die ist inzwischen über tausend Jahre alt. Das Freiheitsbedürfnis gegenüber staatlicher Obrigkeit zeigt sich in augenfälliger Weise in der Umschrift des Schildes des Bremer Rolands, der Sinnfigur der Eigenständigkeit und Unabhängigkeit:

»Vryheit doh ick ju openbar,
de Karl un mennich Vorst vorwar
desser Stede gegeven hatt,
des danket Gode is mien Raadt!«

In diesem Zusammenhang dürfen auch die Sprüche zitiert werden, die sich auf zwei Wandschildern im Festsaal des Neuen Rathauses in Bremen befinden: »Frei wie die Welle, der Ihr vertraut, fest wie die Schwelle, drauf Ihr gebaut!« und »Was Ihr von Vätern Gutes erhalten, sollt Ihr den Spätern treulich verwalten!«

Zur Weltoffenheit Bremens gehört auch die geschichtliche Bindung an die Hanse im späten Mittelalter. Die Kaufleute und Seefahrer haben mit Bremens »Schlüssel zur Welt« den guten Namen unserer Stadt hinausgetragen und diesen stets würdig vertreten.

Zum Wohle unserer Stadt

Es heißt doch, dass »buten un binnen«
die Bremer solln »wagen un winnen«.
Das sitzt ganz fest im Gedächtnis
und ist unsrer Väter Vermächtnis
als Sinnspruch bedächtiger Art.

Wir sollen in Freud und in Leiden
uns immer nur maßvoll bescheiden,
auf eigene Kräfte vertrauen
und niemals nur Luftschlösser bauen,
dann sind wir vor Schaden bewahrt,

»Gediegenheit« heißt das in Bremen,
uns unseres Tuns nicht zu schämen;
bedächtig und kraftvoll verhalten
und neues auch mutig gestalten:
solide auf bremische Art.

Bremer Roland

Doch ebenso weltweit bekannt wie der Bremer Schlüssel sind auch die vier Symbolfiguren, die Bremer Stadtmusikanten. Deren Geschichte ist in fast alle Sprachen der Welt übersetzt worden. Sie stehen an der Westseite des Alten Rathauses und sind ein von Bremern wie auch von Besuchern gern angelaufener Treffpunkt (genau wie der Roland).

Wenn die Bremer Stadtmusikanten heute auftreten würden

Wie wir's als Kind schon kannten:
Die vier Stadtmusikanten
tun's auf besondre Weise,
vielstimmig und nicht leise.
Was laut sie intonieren,
um uns zu imponieren,
wird fröhlich rausgesungen;
und so hat es geklungen:
»I-ah, I-ah« der Esel sagt,
»Wau-Wau« dem Hunde wohl behagt,
»Miauh-Miauh« vom Katzenvieh
mischt sich mit Hahnschrei »Kikriki«!
Wie einstmals das gewesen,
kann man im Märchen lesen.
Doch wenn sie heute kämen,
wär's »Rentner-Band« aus Bremen.
So wie sie es verkünden,
soll deren Gruß verbinden;
wer den einmal vernommen,
wird gern nach Bremen kommen!

Bremer Stadtmusikanten

Ick bün doch keen Bremer!

Ein Spruch ist weltweit bekannt: *»Dreimal ist Bremer Recht!«* Daran hat sich ein Hamburger gehalten und erst nach dem dritten Mal aufgeschrieben, wie es ihm mit diesem Wahlspruch und mit dem Schnack »Ick bün doch keen Bremer!« ergangen ist. Er berichtet von drei kleinen Erlebnissen und stellt am Schluss die Frage, wie er es nun verstehen und was er wirklich davon halten soll: »Dormols in de Lehrtied harr een Kolleg mol wat to börn. Ick dacht, dat mutt bannig swor för em ween un wull em hölpen. He wull obers nich, datt ick anfoten däh: ›Och nee, lot man, dat mok ick alleen, ick bün doch keen Bremer!‹ Ick weer ok keen, hefft obers nich begrepen.

Een anner Mol wull ick in'n Hamburger Hoben een Fastmoker hölpen, as he mit so'n aasig sworen Tampen an Hanteeren weer. ›Nee, nee, lot man bliewen – ick bün doch keen Bremer!‹ Ick anter, datt ick ut Hamborg bün, obers dat hülp dann ok nich mehr.

An Burd weer een Kolleg bannig an't Sweeten bi't Repareern von de Maschien. Much ick nich ansehn, so as he sick placken mutt. He wull't alleen dohn, denn he meende, datt ick een Bremer wür. Un he keek mi an, as wull he mi freten. – Dann harr ick mol wat to börn, un he keem mi to helpen. Klor, datt ick mi denn ok bedanken däh. ›Danke kannst du di an'n Mors klein oder an de Mütz sticken, du büst jo een Bremer!‹ – Dor muss ick mi obers wunnern, wi fors een ut Wandsbek to'n Bremer weern kunn. *Wat bün ick denn nu? – Wo sitt de Hoken denn?*«

So herabwürdigend kann doch nur ein Nichtbremer sprechen: »Ick bin doch kein Bremer und lass mir die Arbeit aus der Hand nehmen!« Das klingt zunächst nach gewisser Geringschätzung der Bremer. Aber wenn man sich näher damit befasst, muss man diesen Ausspruch im logischen Umkehrschluss erst einmal voll ausdeuten.

Und dann heißt es schon viel wirklichkeitsnäher:

»Ich bin ein Bremer und lass mir die Arbeit *nicht* aus der Hand nehmen!« – Das klingt viel mehr nach Leistungsstolz, und gerade den mögen manche zuweilen gar nicht, jedenfalls nicht beim anderen und wenn er einem selbst fehlt.

»Dat mok ick alleen, ick bün doch keen Bremer!«, so tönt es auch, wenn einer die Mithilfe ablehnt. Doch das ist bei schwerer Arbeit ein durchaus falscher Ehrgeiz, weil man sich dabei selbst überfordert und sich nicht helfen lassen will. Auch hier sei wieder der logische Umkehrschluss erlaubt: »Ick bün een Bremer, un ick mok dat (swore) nich alleen!« – Das eben ist auch durchaus logisch, weil es für einen allein zu viel oder zu schwer ist. Es heißt doch nichts anderes, als einfach nur vernünftig an die Dinge heranzugehen und sich nicht mehr aufzuladen, als man bewältigen kann.

Das muss wohl am Klima liegen

Bremer Deerns sind wirklich gut,
Bremer Jungs haben viel Mut,
die kann man nicht unterkriegen,
das muss wohl am Klima liegen.
Und die Bremer Eigenheit
zeigt sich als Beständigkeit:
Sturheit ist uns angeboren,
die ging uns noch nie verloren.

Unser Motto, das ist echt,
heißt: »Dreimal ist Bremer Recht!«
Es wird andern nicht gelingen,
uns davon mal abzubringen.
Grundsolide und bedacht
und mit Gründlichkeit gemacht,
das ist unsre Art zu streben,
ohne uns hervorzuheben.

Esel, Katze, Hund und Hahn
haben es uns angetan:
Unsere vier Stadtmus'kanten
sind weltweit Repräsentanten. –
Mit »Moin – moin!« wird hier gegrüßt,
ob es früh, ob's Abend ist.
»Tsieh, wie geht's?« – Auf solche Fragen
kann man »Muscha woll!« nur sagen.

Bläst ihm Sturmwind ins Gesicht,
auch das stört den Bremer nicht.
Stellt sich mutig dem Geschehen
und lässt unsre Speckflagg wehen.
Bleiben wir mal länger fort,
ist nur »Tschüss!« das Abschiedswort.
Bremer Art ist schon zu preisen:
Uns braucht man's nicht zu beweisen!

Die hanseatischen Brüder

Wenn die hanseatischen Hafenbrüder HAMBURG und BREMEN zu fröhlichem Gespräch zusammentreffen, ist eine gutartige geschwisterliche »Kabbelei« eigentlich unausbleiblich. Eben wegen der Ähnlichkeit – und doch um der gewissen Unterschiede willen:

Hamburg ist zwar größer und schöner – wie man dort meint. Dafür hat Bremen es mehr mit der Feinheit und Gediegenheit, wie wir es sehen. In zwölfhundert Jahren hat sich dann sehr viel örtliche Eigenheit auf beiden Seiten herangebildet.

Hamburg versteht sich als Tor zur Welt und zeigt es durch seine Hammaburg im Wappen. Aber – und das ist wesentlich – wer hat denn den Schlüssel dazu? – Wir Bremer!

Sich gegenseitig zu besuchen, da möchten es die Hamburger lieber, dass man von der Weser zur Elbe kommt, denn welcher Groß-Städter fährt schon gern »in die Provinz«? Bleibt nur die Frage, ob dem Bremer Kleinstädter das Großstadtgehabe der Elbmetropole überhaupt gefällt. In Bremen bleibt alles doch noch irgendwie überschaubar, von der Politik natürlich abgesehen. Aber die ist in Hamburg auch nicht besser.

Schon der Verkehr: Die an der Elbe haben »U-S-Schnelltakt«, d.h. U-Bahn und S-Bahn. Uns dagegen an der Weser stufen sie herablassend als »Dorf mit Straßenbahn« ein. – Der Hamburger Hafen wird von der hochbogigen Köhlbrandbrücke überspannt. Doch mit deren Technik und Statik haben sie so einige Schwierigkeiten. Aber eine »Erdbeerbrücke«, so wie wir, die haben sie nicht aufzuweisen.

Dafür geht es beim Rundfunk und Fernsehen ganz in die vollen, um nicht zu sagen, dass Fernsehen »voll ins Auge geht«. Der NDR ist eine Vierländeranstalt mit viel Gerangel um die Anteile. Wir sind mit unserem kleinen Radio Bremen da wohl besser dran.

Von Politik reden wir lieber nicht, höchstens in zwei treffenden Personenbeispielen. Aus Hamburg kommt der Alt-Bundeskanzler, der dort seine Karriere als »Schmidt-Schnauze« begann. Unser alter Bremer Präsident des Senats Koschnick war ihm, zumindest zeitweise, als Bundesratspräsident und Vertreter des Bundespräsidenten sogar noch über, und er ist bekannt als »Hans, der Polit-Schnellsprecher« mit den überhaspelten Silben.

Doch auch bürgerliche Typen haben beide Städte bekannt gemacht. Von »Klein-Erna« und ihren Erlebnissen erzählen viele nette Kurzgeschichten. In Bremen ist »Fisch-Lucie« in die Geschichte als schlagfertiges Markt-Vollweib eingegangen.

Ebenso darf auf den Hamburger Wasserträger Hummel verwiesen werden, dessen drastische Antwort weltweit bekannt ist. Wir Bremer haben dem nur »Heini Holtenbeen« entgegenzusetzen, dessen Ausspruch »Schanne wert« man auch überall verwenden kann.

Zwar keine Schande, aber auch kein Prunkstück ist das Eroshochhaus am Anfang der Reeperbahn. Dagegen können wir nur einen kleinen »Provinz-Hafenstrich« und ein paar Hafenkneipen bieten. – Aber dafür gibt es eine andere interessante Farbtonverschiebung: Hamburg hatte vor einiger Zeit echte »Grün«-Probleme, während man unsere Bremer Uni allgemein mehr unter einem »Rot«-Aspekt betrachtete. Dafür liegt diese bei uns jenseits von Bürgerpark und Stadtwald; und Hamburg befindet sich mit »Planten und Blomen« inmitten der Stadt in dieser Hinsicht unleugbar vorn.

Doch wer sonst in der Bedeutung vorn oder hinten liegt, darüber soll unter Brüdern nicht gestritten werden. Das ist so wie mit der brüderlichen Teilung des Tortenstückes. Jeder möchte gern »die größere Hälfte« haben.

Lassen wir es dabei bewenden. Es hat jede Stadt ihre Besonderheiten, und ihre Bürger haben sie auch. Gerade darum mögen wir hanseatischen Brüder uns doch so gern.

Aber auch literarisch kann man den Bremer Eigenarten nachspüren:

So lernen in der Schule die Kinder schon das Lied von »Roland der Riese vorm Rathaus in Bremen«.

Und der Ratskeller findet nicht nur Erwähnung bei Heinrich Heine. Insbesondere bei Wilhelm Hauff mit seinen »Phantasien im Bremer Ratskeller« wird die Verträglichkeit der hier ausgeschenkten Weine gewürdigt.

Auch Anton Kippenberg hat mit seinem Buch »Geschichten aus einer alten Hansestadt« sehr viel Bremisches für die Nachwelt festgehalten. Und Lüder Döscher hat in seinen »Rathaus-Plaudereien« über Radio Bremen soviel Bremisches berichtet, dass seine Vorträge Stoff für drei gute Bücher abgegeben haben.

Wer es jedoch ein wenig frivoler mag, der kann auch am Gedicht von Joachim Ringelnatz seinen Spaß haben, an jenem Dichter, der nach dem Ersten Weltkrieg seine vorherige Seemannszeit in der Gestalt des »Kuddel Daddeldu« in bissigen Versen auferstehen ließ.

Reisebericht von 1749/50

von Johannes Ryhiner
(allerdings kommt unsere Stadt als Tourismusziel nicht ganz so gut weg)

»Bremen hat einen sehr schönen Hafen, und die Handelschaft allhier ist beträchtlich, die Lebensart der Leute schlecht und das Geköch von sehr schlechtem Geschmack. Das Frauenzimmer schmauchet allhier mit denen Mannsleuten Tobac, und man bekommt auch nicht selten von diesem Geschlecht einen Bartputzer zu sehen. Doch seind sie eben nicht sonderlich wohl gestaltet. Es ist allhier nichts Sonderliches zu sehen, als der so genannte Bleikeller, darinnen die toten Körper, so hinein gesetzt werden, nicht verwesen, sondern als Stein hart werden, es seind deren, so über 200 Jahre allda liegen sollen, so noch ganz unversehrt seind. Man will als die Ursach hiervon angeben, dass man allda sehr viele Bleitafelen umgegossen, und dass der hierbei ausgedünstete Schwefel dem Ort solche Würkung zuwege gebracht habe. In dem Stadtkeller bekommt man Rheinwein von anno 1625 und 1685 zu kosten.«

Lang to un laat di man smecken!

Wenn in Bremen ein gesellschaftliches Ereignis zu befeiern ist, das einen historischen Bezug hat, dann besteht immer ein enger Zusammenhang mit Schifffahrt und See, mit Hafen und Überseebeziehungen.

Dass Bremen im vorigen Jahrhundert ein sehr bedeutender Auswandererhafen war, von dem aus vieltausend Menschen in die »Neue Welt« hinausfuhren, um ihr Glück draußen zu machen, ist weltweit bekannt und hat für die Schifffahrt sehr viel Aufschwung bewirkt. Wer aber weiß schon, dass im Mittelalter auch Bremen der Ausgangspunkt für die Pilgerreisen nach Santiago de Compostela in Nordspanien war zum Grab des hl. Jakobus dem Älteren? Der war im Jahre 44 von Herodes Agrippa in Jerusalem enthauptet worden, und dessen Gebeine gelangten nach Spanien, wo man sein Grab um 820 entdeckte. Er gilt seitdem als Patron der Jakobus-Bruderschaften, die seit dem frühen Mittelalter sich der Betreuung der Pilger widmeten. Noch heute werden in diesen elitären Bruderschaften – verbunden mit einem Liebesmahl – karitative und gemeinnützige Zwecke unterstützt.

Auf den Jakobus stößt man als Statue, erkenntlich mit Pilgerstab und Muscheltasche, gleich dreimal in Bremen: an der Ostseite der Martinikirche, Bremens ältester Schifferkirche; im Kreuzganggarten des St. Petri-Doms; und als Plastikbüste an der Packhauswand in der Wüstestätte im Schnoor. Im Volksmund wird diese Plastik als »Juxmajor« bezeichnet (von Jacobus major), hat aber nichts mit der Juxfigur eines Faxenmachers gemein. Aber schon als Kinder kannten wir hier den Abzählreim: »Edelmann, Bedelmann, Doktor, Pastor, Kaiser, König, Juxmajor«.

Das älteste Liebesmahl ist aber die »Schaffermahlzeit« der 1545 gegründeten Seeleute-Stiftung »Arme Seefahrt«, die seit 1561

»Haus Seefahrt« heißt. Immer zum Ende der winterlichen Liegezeit versammelten die in der Stiftung tätigen Kaufleute und Reeder ihre Kapitäne um sich, um gemeinsam zu »schaffen«, d.h. miteinander zu tafeln. Das ist der Ursprung der traditionsreichen »Bremer Schaffermahlzeit«, die bis zum Zweiten Weltkrieg immer am 2. Freitag im Februar im Wappensaal des »Haus Seefahrt« in der Lützower Straße im Bremer Westen – und damit in Hafennähe – stattfand.

»Navigare necesse est« lautet die erhaltene Inschrift des alten Portals – »Seefahrt tut not« Dieser Wahlspruch ist jahrhundertelang das Leitmotiv für deutsche Reeder-Initiative und für nautischen Wagemut gewesen. Auf persönliche Einladung der drei kaufmännischen Schaffer, die immer drei Jahre im voraus gewählt werden, dürfen namhafte Persönlichkeiten aus Politik und Wirtschaft daran teilnehmen, aber nur einmal im Leben. Und als Bremer überhaupt nur dann, wenn man selbst aktiver Schaffer gewesen ist. Nur die Kapitäns-Schaffer werden jedes Jahr aus der langen Bewerberliste der seefahrenden Mitglieder ausgewählt. Traditionsreich wie die Stiftung selbst sind auch die seit Jahrhunderten festliegende Speisenfolge und die Anzahl der dabei zu haltenden Reden. Erst nach dem Zweiten Weltkrieg ist diese Veranstaltung ins Bremer Rathaus und in die Obere Rathaushalle geraten. Aber auch dort erklingt unverändert zu Beginn das: »Schaffen ünnen un baben, Schaffen – schaffen, in Gottes Namen!«

Herbe Tischsitten (seit 1545)

(in alten Annalen nachzulesen)

Schaffermahlzeit im »Haus Seefahrt«, In dit Huus herrscht strenge Sitten. De ole Huusordnung von Schipper Öllerlüüd un sämtliche Schipper-Bröder einhellig bewilligt un berahmt im Johr unsers Herrn 1581 beseggt unner A över dat Schaffen: »Dormit een god Regiment un Freden mag sien, sall en jeder sich bestens beherrschen, sall sienen Naber und anner Lüüd nich haun und stöten und op keen Wies bi'n goden Drunk em möten. Man sall bi't Schaffen nich so deep in't Glas rin kieken und nich mit leddige Gläs und Buddels smieten. De Huusgesetze sind, so lang dat Schaffen duurt, ünner allen Umständen to respekteern.

Denn dat will ick den geehrten Anwesenden verraden: Wer gegen de Huusordnung verstött, de ward von Schaffen utslaten und von de Fallreepsgäst vor de Wind ut de Döör rut laten. *Schaffen ünnen un haben, Schaffen mit beiden Wachen.*« (Bremen, seit 1545)

Des Bremers »fünfte Jahreszeit« sind die Monate des deftigen Winteressens, wenn – nach erstem Frosteinfall, bestimmt aber ab dem Buß- und Bettag – es Zeit ist für das Bremer Nationalgericht »Braunkohl und Pinkel«. Nichtbremer betrachten es als »Grünkohl mit Grützwurst«. Aber auf die Zubereitung, die Zutaten und die Beilagen kommt es an. Da hat der Magen schon einiges auszuhalten, und es muss mit Bier und Korn kräftig gegenan gegangen werden. Zur Schaffermahlzeit gehört dieses Kohlgericht auch, als ein Gang in der Speisenfolge.

Auch bei der »Bremer Eiswette« ist es seit 1829 festes Tafelritual. Für Bremen war es immer bedeutungsvoll, ob die Weser »geiht« oder »steiht«, d.h. ob der Fluss auch im Winter schiffbar blieb, um die Schiffe ein- und auslaufen zu lassen. – So entsprang aus einer fröhlichen winterlichen Tischrunde einstmals die Wette als Voraussage für das kommende Jahr. Die Verlierer mussten für die Gegenseite das Essen bezahlen. Als Stichtag wurde der 6. Januar, der Dreikönigstag, festgelegt, an dem ein 99 Pfund schweres Schneiderlein mitsamt glühendem Bügeleisen das Wesereis am Punkendeich überschreiten müsse. Gewettet wird heute noch und kräftig getafelt auch. Nur ist daraus ein Großereignis von gesellschaftlichem Rang geworden mit erheiterndem Zeremoniell, inhaltsvollen Reden und einer einträglichen Spendensammlung zugunsten der Deutschen Gesellschaft zur Rettung Schiffbrüchiger, die schon seit Jahrzehnten den leichtgewichtigen Schneider per Rettungsboot die Weser überqueren lässt.

Hölpen un Redden

To See to fohrn mokt jümmers Spoß,
kumm blots an Burd, daar is wat los.
De Jantje mutt bannig veel leern,
sunst kunnt em aasig wat passeern.
Acht op der Hannen fasten Gripp:
»Een Hand för di, een Hand för't Schipp!«
»Wahrschau!«, so röpt man nich umsunst,
dat nargens he den Döts siek bumst.

Seefohrt is oft afsunnerlich
un fremde Art woll wunnerlich;
daar gifft naher veel to vermelln,
von Aventüür ok to vertelln. –
De Koopmann seggt: »Seefohrt is not!«
De Sailor kaut sien Twiebacksbrot
un dröömt von siene Urlaubstied;
blots bit nach Huus is't man noch wiet!

Bringt »Rasmus« ober Ungemach
un geiht an Burd allns öwer Stag,
wenn Ankerkedd un Reling bricht,
de »Seenotkrüzer« is in Sicht! –
To hölpen is he gau op Stäh,
to redden ut de ruuge See.
Wat disse Crew so selbstlos deiht,
ganz hooch in use Achtung steiht!

Wat se torüch in't Lewen holn,
gelingt mit Moot un Gottvertrohn.
Se sind för us »alltied op Wacht«,
»ründum de Clock«, ok meern in Nacht. –
Se schickt nu von de Waterkant
ehr »Sammelschiff« ok öwer Land:
Daar mutt veel Mark un Geldschien rin!
Leew Frünn, beholt dat good in'n Sinn!

three cheers to all absent friends …

Wer jemals auf Ostasienkurs zur See gefahren ist, der weiß als besonderen Gaumenreiz das Curry-Essen zu schätzen. Dabei legt jeder Schiffskoch seinen persönlichen Ehrgeiz darein, das beste Curry-Gericht auf den Tisch (heißt seemännisch Back) zu bringen. Das Geheimnis liegt einmal in der Gewürzmischung selbst, zum anderen in der Zubereitung der Sauce und zum dritten in der Kombination der Zutaten und Beilagen. Das Gewürz regt den Appetit an und räumt den Magen auf, der Reis bildet die verträgliche Grundlage, und das bunte Zutatenallerlei ist zugleich auch ein optischer Tafelgenuss.

Was Wunder, dass alle alten Ostasienfahrer und weltweit gereisten Kaufleute davon begeistert schwärmen. So hat sich auch daraus wieder eine bremische Tradition ergeben. Zum monatlichen Treffen des Ostasiatischen Vereins gehört das (einfache) Curry-Essen. Aber zum jährlichen Freundschaftstreffen, dem großen Liebesmahl, wird »Curry mit Reis« in küchenmeisterlicher Vollendung serviert. Mitglied kann nur sein, wer »mehr als 300 Tage östlich von Suez« zugebracht hat. Aber er darf seine Freunde dazu einladen, was als besondere Ehrung empfunden wird. Zum Eintritt in den Saal wird dreimal der große Gong angeschlagen. Und zum Tafeltoast gehören »three cheers to all absent friends«. Noch schöner kann man der weltweiten Verbundenheit wohl kaum Ausdruck verleihen. – Wenn eine gute Hausfrau erst einmal den rechten Dreh daran bekommen hat, wird auch sie recht bald ein zünftiges Curry-Essen für Familie und Freunde zu ihrer eigenen Küchenspezialität gemacht haben. Denn »zu Curry braucht man kein Rezept, sondern Mut zur Gestaltung«. Oder wie der Küchenchef beruhigend sagt: »Kochen ist Glückssache!«

Über die bremische Küche und Bremer Tafelgewohnheiten könnte noch viel erzählt werden. – So wurden hier nur ein paar prägnante Beispiele herangezogen. Stets gilt: Gut – aber reichlich. – Doch was den Bremer Ratskeller anbelangt, ist seine umfangreiche Weinkarte der sichtbare und wohlschmeckende Ausdruck deutschen Weinbaus und gepflegter Trinkkultur. Das allein wäre schon wieder Thema für eine besondere Abhandlung. Aber als Bremer Eigenart gilt immer noch, einen guten Vertragsabschluss im Ratskeller mit einem wohlmeinenden Umtrunk zu besiegeln oder einen Bremenbesuch hier beginnen zu lassen.

Das Maß der Verträglichkeit an Ratskellerwein war früher – bis Anfang des Zweiten Weltkrieges –, wenn beim Verlassen der Ratskellertreppe der breite Pferdeschinken des damals vor dem Rathaus stehenden Kaiser-Wilhelm-Denkmals erkennbare Seitenbewegung bezeigt. Dann war es an der Zeit, oben am Kiosk für den Heimweg noch eine stärkende Rostbratwurst zu sich zu nehmen. Das Reiterstandbild ist 1942 abgebaut und als sog. »Führerspende« kriegsbedingt eingeschmolzen worden. Einmal zuvor hat es im »Tausendjährigen Reich« aber auch Anlass für politischen Ärger gegeben, als von bösen Buben nächtlicherweise daran ein Schild angebracht worden war mit der sehr sinnigen Aufschrift: »Kaiser Wilhelm steig hernieder und regiere du uns wieder. Lass lieber Adolf, den Gefreiten, hoch auf deinem Schimmel reiten!«

Statt Kaiser Wilhelm haben wir nach dem Zweiten Weltkrieg als Bürgermeister Wilhelm Kaisen gehabt, der den Wiederaufbau unserer Stadt mit viel Wagemut angeschoben hat, auch wortwörtlich an der Schuttlore. Ihm werden viele markante Aussprüche zugeschrieben. Aber was er immer als Wahlspruch vertreten hat, das kann man auch noch heute den Politikern ins Stammbuch schreiben: »Nutz elkeen Dag un elkeen Stünn, kiek nich in't Muuslock, kiek in de Sünn!«

Doch wenn man uns fragt, warum wir Bremer so sehr an unserer Stadt hängen, können wir nur antworten: »Of Noord, of Süüd, of Oost, of West, jümmer heet dat: *Bremen best!*«

Stadtküche

Das war bis zum Zweiten Weltkrieg die brementypische Form des Kochgeschäfts, das darauf spezialisiert war, fertig zubereitete Essen und ganze Speisenfolgen für Hausgesellschaften, Familienfeiern, Jubiläen, Empfänge usw. ins Haus zu bringen. Zum Lieferumfang gehörte erforderlichenfalls auch die mietweise Gestellung von Tischwäsche und Tafelsilber sowie Porzellangeschirr, das alles in ausreichender Anzahl selbst vorgehalten wurde. Auch für eventuell gewünschte Teilnahme von »freiberuflichen« entsprechend befrackten Lohndienern oder spitzenhaubengeschmückten Servierfrauen wurde gesorgt. Im Haus des Gastgebers übernahm für die Zeit der letzten Zubereitung und des Anrichtens der mitgekommene Küchenmeister das Regiment zur Entlastung der Hausfrau, die sich somit ganz unbeschwert der Tafelrunde widmen konnte. Es war eine gepflegte Bremer Eigenart, solche Feste im eigenen Hause zu feiern anstatt ins Lokal zu gehen. Anhand der aufbewahrten Menükarten ließen sich so ganze Familiengeschichten ihrer Stammkundschaft nachvollziehen.

So hat z.B. Lüder Döscher in seinen »Bremer Rathaus-Plaudereien« das Ereignis eines typischen Tischrückens eindrucksvoll geschildert. – Im vorigen Jahrhundert waren es die Stadtküchen Heinr. Müller (Bredenstr.) und A. Preuss. Deren Inhabernachfolger waren dann Richard Dünnbier (Am Wall) und Viktor Kley (Pelzerstr.), deren Betriebe aber dem Bombenkrieg zum Opfer fielen und nicht wieder erstanden. Auch die Essen zu Senatsempfängen im Rathaus wurden über 50 Jahre lang von der Stadtküche Dünnbier geliefert ebenso wie die berühmte Schaffermahlzeit des Hauses Seefahrt im Seefahrtshof an der Lützower Straße.

Mit dem Wiedererstehen des Gesellschaftslebens entwickelte sich daraus als neuerliche Form des Systems des Party-Service.

AUF GUT BREMISCH

I. Nu ma sinnig!

Wir Bremer wollen gar nichts Besonderes sein; wir haben eben nur unsere Eigenarten, durch die wir uns von anderen Hanseaten unterscheiden. Das ist dann die so genannte »feine Bremer Art«. Andere meinen dazu aber: »Dat Fiene, dat will dor pattu nich rin!« Versuchen wir also, diese Eigenart auf gut bremisch zu erklären. »Verklokfideln« nennt man das, weil der andere dabei klüger wird. Dazu muss man die Begriffe erst einmal »auseinandertüdeln«, also wie von einem Garnknäuel abwickeln, das »Tüdelband« heißt. Weil das aus Spaß und aus Lust an der Sache geschieht, wird es »aus schier Schandudel« gemacht und geschieht gewissermaßen »aus lauter Jux und Dollerei«. Nur der »Juxmajor« hat mit solchem Spaß im Grunde nichts zu tun. Er ist das kleine Standbild des »Jacobus major«, dem Schutzpatron der im Mittelalter von Bremen nach Santiago de Compostela in Nordspanien fahrenden Pilger. Und damals war Reisen »aasig« anstrengend und keinesfalls eine »Schinkentour« oder »Kohlfahrt« wie heutzutage. Nicht nur Reisebekleidung soll »solide und gediegen« sein, sondern das Gehabe überhaupt, weil man sonst für einen »Paijjattz« (Bajazzo) gehalten wird. Also »nicht auffallen« ist die Devise, und Überschwang wird mit: »Nu ma sinnig!« abgebremst, denn von vagen Aussichten hält man hier nichts. Wer's dennoch tut, ist »Tetje mit de Utsichten«, der selbst schuld ist, wenn man ihn deshalb »verhohnepiepelt«. So sind wir schon mitten drin in der Betrachtung der besonderen Wesensart eines mit Weserwasser getauften »Tagenbaren«, dessen Großeltern schon Bremer gewesen sein müssen.

Ganz groß geschrieben wird Verlässlichkeit. Ein Mensch, »an dem man ein Tau festbinden kann«, ist ein solches Musterstück. Was der sagt, »dor kannst di op verlaat di to«. Mag sein, dass er dabei etwas »steif« oder »stur« wirkt. Dann muss er sich gefallen lassen, dass man von ihm sagt: »He hett een Ahlen int Knick stäken«, dass ihm also ein steifer Knüppel im Kreuz steckt: »He steiht dor as so'n holten Herrgott!« – Jedenfalls ist solch Urteil besser, als wenn »einer nicht in die Suppe und auch nicht in die Wurst taugt«, man also mit ihm wirklich »nix Orntliches anfangen kann«. Bestenfalls ist das vielleicht noch »ein Kerl wie'n Pfund Wurst«.

Mit der Mettwurst hat ein veilchenblaues Auge, das man sich irgendwo gestoßen hat, nichts zu tun, das heißt hier nur »Mettauge«. Wer dabei »dumm aus der Wäsche guckt«, der wird ermuntert mit »mok doch nich so'n Schellfischoogen!« Ist er darüber eingeschnappt und spielt die »beleidigte Leberwurst«, wird ihm nachgesagt: »Nu biet di man nich den lüttjen Finger af!« Nur wenn er sich dabei einer »tapsigen Benehmität« bedient, dann wird ihm bedeutet: »Bist een Kierl wie Margreten ehrn Mann, un de hett all de Anten dodpett!«

Ganz anders dagegen ist der Vergleich, wenn einer gegen den Alleskönner nebenan als Stümper abfällt und sich sagen lassen muss: »Lat di man dien Schoolgeld weddergeben!« Doch wenn er dann »gnatterig abzieht«, so nach der Weise »da geht er hin und singt nicht mehr«, dann gibt es für ihn nur noch den guten Rat: »Pett di man blots nich op'n Schlips!«

Mit einer gewissen Schadenfreude, wenn ein Vorhaben nicht geklappt hat, oder als Ausdruck der eigenen Enttäuschung heißt es wohl: »Dor harr ober een Uhl seeten!«

Denn kann »een sick frein as so'n Stint«, und die anderen »kiekt man blots ut'n Muuslock«, und sie sehen aus »as Karmelk un Spucke«, wie Buttermilch und Spucke, also so »richtig wittschen um de Nees«. Da hilft denn störrisches Aufrichten nicht mehr viel, auch wenn es so aussieht, als »he smitt sick inne Bost as so'n Swien inne Podden!«

Keinesfalls darf er sich dann irgendwelche Schwächen anmerken lassen, damit nicht die Befürchtung aufkommen kann: »Wenn he man blots nich nah Kösters Kamp (Friedhof) mutt?« – So wird der Faden dann weitergesponnen: »He is ja all man wat tüdelig« (oder rammdösig, vielleicht sogar brägenklüterig) geworden, und »de mokt dat nich mehr lang!«

Ist der Fall nicht ganz so hoffnungslos, kann es wohl heißen: »Dat schall mi denn woll verlangen, wat dorut noch ward!« In der Politik heißt die Antwort heute dazu »ich würde meinen …«. Dagegen klingt es auf bremisch so: »… Wenn Sie mich fragen, da weiß ich warraftig nix von ab!« So wird man es schließlich doch »beleben müssen«, dass der so Bedauernswerte »mit'n Dode afgohn is«. Und das ist wohl »ne Schanne wert«. »Nu mok man halflang« heißt, wenn es damit genug sein soll.

II. Weer't mag – de mag't!

Schnäcke und Redensarten haben in Bremen schon immer eine besondere Sprachbedeutung gehabt, ohne dabei ihren Ursprung in jedem Falle genau definieren zu können. Einige Beispiele:

»Dor luur op – steiht op'n Dovendoorskarkhoff!« Das soll davon kommen, dass früher mal eine Wittfro ihrem Seligen mit einer besonders schönen Grabinschrift mehr Gutes an himmlischer Seligkeit wünschte, als sie ihm zuvor im Leben hat bereiten wollen. Und da hatte dann jemand, der sie wohl gekannt haben mochte, mit Kreide »dor luur op« (= da kannst auf lauern) als ausgleichende Gerechtigkeit darauf geschrieben.

Ja, verworren sind die Wege des Lebens und so »krumm as de Weg na Pusdorp (Woltmershausen)«. Das Völkchen, das dort in Pusdorp un in Rablhusen (Rablinghausen) wohnte, war nicht weniger eigenwillig as de Buntendoorschen. Bei »de Geelbeen« von'n Buntentor wollte man so ohne weiteres nicht wohnen. Das soll jedenfalls die Antwort gewesen sein auf die Forderung, sich im Aufwand etwas einzuschränken: »Von'n Buntendoor hett ober de Paster nix seggt!«, so klang es in einem bremischen Volksstück vor -zig Jahren.

Ähnlich verhält es sich »dor liggst beter as op'n Neen Markt in ne Podden!« Die Neustädter und besonders »de Geelbeen« standen früher jahrelang in dem Ruf, sehr aggressiv zu sein. So ist auch der Ausspruch entstanden: »Wahr di vör Didi, vör Heini un Fidi, wahr di vör'n Neestädter!«

Wenn etwas besonders gut gelungen ist oder ein gutes Essen sich mit leckerem Duft ankündigt, heißt es: »Dat mag Thölke to'n Neenlanne ok woll, un de is man wat lekker!« Man hält hier etwas von »gut Essen und Trinken«. Auch wenn es dann »für'n Groschen mehr sein darf«. Nur geizig darf man nicht sein. Beim sparsamen Einkauf könnte eine Hausfrau aber wohl fragen: »Mien Gott, Fro Beckmann, is dat för'n Groschen Wurst?« – Wenn etwas absolut nicht behagt und man »mit langen Zähnen drauf rumkaut« , dann ist das »drög as Sunnerkluus sien Mors«, und es »schmeckt wie Knüppel auf'n Kopf'; während Wohlschmeckendes »wie Zucker op'n Titt smeckt«. – Na ja, »weer't mag, de mag't – un weer't nich mag, de mag't ja woll nich mögen«.

Kräftig begossen, würde einer »bei so'n guten Schluck gern einen zwei Meter langen Hals haben«. Und wer mit entsprechender Menge gut fertig werden kann, dem wird nachgesagt: »De kann wat slucken, wo'n Aant op swommen kann.« »Gediegenheit« ist eine typisch bremische Forderung. Sie meint den besonderen Anspruch ebenso wie den persönlichen Gestaltungswillen. Weil gut Ding Weile haben will und man nicht gern etwas übereilt, wird dadurch zur Beruhigung aufgefordert, dass dem Antreiber mit »ich kann doch nicht hexen und blaufärben zugleich« geantwortet wird. – Ist eine Sache dann richtig gelungen, hört man sagen: »Nich bloß – schitt dor man hen! – nee, dat schall ok stinken, un dor mutt ok een Spitz an wesen!« – Nur wenn es nicht so ganz genau darauf ankommt und es sich hauptsächlich darum handelt, dass es im wesentlichen passt, dann »is dat egal as'n Stratenmaker-Boxen, un de is vörn un achtern gliek!«

Aus Volksstücken sollen auch solche Formulierungen stammen wie: »Dat sütt hier ut as vör Gesche ehrn Bedde!« Wenn es dann absolut reicht: »Gode Nach, Liesette, dat Geld liggt all op de Finsterbank!« – Und als guten Wunsch auf den Weg: »Kumm man good hen mit dien Kuffer!« oder auch »Grüß man die Hesemannsche!«

Wenn Heini und seine Freunde »vonne Schule« kommen und er so »mit einer ganzen Gitsche

... dat Geld liggt all op de Finsterbank

die Straße langs scheesen tut«, eben weil »sie das schnubendrock haben«, dann kann er »laufen wie so'n Tütt«. Nur wenn er ein schlechtes Gewissen hat und es ihm gar nicht eilt, nach Hause zu kommen, dann ist der Weg beschwerlich und »er dungelt so langsam hin«.

Eine besondere Eigenart ist im Sprachgebrauch in der Verwendung der Fragewörter und der Verhältniswörter zu vermerken. So »frägt einen«, denn: »Wo ist das für?« – und hört darauf: »Na, zu'n Essen«. Oder: »Wen seinen (seiner) ist das?«, auch: »Wen hört das zu?« soll klären, wer die gemeinte Portion bekommt. In Bremen geht man »nach'n Lanne oder nach'e Quekenfarm« (Kleingarten); man wohnt »inne … -Straße«, wo »die Kinner auffe Pferdestraße« spielen. Vater arbeitet »innen Haben« und kommt »vonne Arbeit«. Als Bremer Jung ist man zuerst ein »Pöks« und später ein »Butjer«. Das kann sogar ein liebevoller Ehrentitel sein, genauso wie »mien lütten Schietbüdel!« Es kommt, wie bei allem im Leben, eben doch immer auf die richtige Tonart an.

III. Dascha sagenhaft!

Das norddeutsche Gegenstück zur eindeutigen bayerischen Aufforderung klingt hier nicht ganz so drastisch und ist deshalb nicht sogleich eine beleidigende Anspielung. Hier wird das eher zum amüsanten Frage- und Antwortspiel, wenn der Verärgerte zum anderen sagt: »Du kannst mi mol diddeln!« Dann bedeutet man ihm: »Klei mi an'n Mors!« – Und zum großen Erstaunen muss er dann vernehmen: »Ik schiet di wat – dat steiht im Bremer Dogeblad!«, womit dann der Streit aus der Welt wäre, es sei denn, der wäre von solch nachhaltiger Wirkung gewesen, dass »einer dabei in Verschiss gerät bis in die Steinzeit!«, also zunächst einmal in alle Ewigkeit hinein. Doch das ist wieder nicht so ganz ernst zu nehmen, aber »dat kann ein ja nu wirklich nich af!« So kann man bloß fragen: »Wat schall dat?« Man ist überhaupt bemüht, einem offenen Streit aus dem Wege zu gehen, auch wenn man beteuert, dass man »keinen Streit vermeiden« wolle. So meint denn einer: »Ich soll streitsüchtig

Mattjes aus der Hand: »Dascha sagenhaft!«

sein? – Bei dir piepst es wohl! Aber wenn einer so'ne Visage hat, da muss man doch reinschlagen!« Früher gab es zur Beilegung von Streitigkeiten die gute alte Gewohnheit, die widerstreitenden Parteien in einen der Ratskeller-Priölken zu setzen und sie dort solange zu belassen, bis sie sich bei einer oder mehreren Flaschen deutschen Weines auf eine vernünftige und tragbare Lösung geeinigt hatten.

Dennoch gibt es eine Reihe von Bezeichnungen für Schläge, vor allem für die, welche man selbst einzustecken hat. Je nach der dabei empfundenen Stärke nennt man sie Haue, Wamse, Hiebe oder Keile. So ist es, wenn man das Empfinden hat, selbst kräftig »das Jack voll« bekommen zu haben oder dass »einem das Fell gehörig versohlt« wurde. Umgekehrt sind die Schläge, die man selbst an andere austeilt, entweder nur »ganz leichte Püffe« oder sonst einfach »Kloppe«. Das ist, wenn jemand »ordentlich vertobakt wird«. – Und wenn der Vater früher seinen ungezogenen Sohn übers Knie nahm und ihm »den Achtersten verdrosch«, dann »gab es welche aus der Armenkasse«. Heute, im antiautoritären Zeitalter, geht das nicht mehr. Da kann man nur sagen »dascha sagenhaft!« Wer widerborstig ist, also Aufsässigkeit bezeigt, der gilt als »opsternatsch«.

Einerseits heißt man ein ungezogenes Kind, das »nich hörn will«, ausgesprochen »eisch«. Aber dieses schöne Wort gilt andererseits auch dann, wenn ein Ereignis als besonders ausgefallen oder vielleicht als ungewöhnlich attraktiv gelten soll. Das wäre dann eben

»eine ganz eische Sache«. »Ischa woll nich die Möglichkeit!« ist ein deutlicher Ausdruck des Verwunderns ebenso wie »dascha die Höhe, is das doch!« Solche Zusammenziehungen mehrerer Wörter zu einem sprachlichen Ausdruck sind unausrottbare Umgangssprache. Als weiteres Beispiel: »Gescha ganz krumm, krischa nen Puckel!« Und das ist doch wohl eine klare Aufforderung nach gerader Haltung. Den krummen Buckel macht man. Ist aber ein körperlicher Schaden gemeint, dann ist das ein »Ducks«.

Wer »eisch« ist, kriegt was aus der »Armenkasse«

Wenn einer »was pattu nich mag«, dann lässt man ihn eben mit »man zu« gewähren. Das war schon immer so und nicht erst seit gestern. Dann heißt es »seit Djahren« und in der Steigerung des Ausdrucks »seit Djahrenden«. Doch wenn etwas richtig läuft, also eine gute und reelle Sache ist, dann heißt das ganz einfach »so rejell weg«. Damit darf auch eine deftige Portion gemeint sein mit »rejell was auf'n Teller«. Dazu wird aufgefordert mit »lang man ornlich to, dat steiht good bi Rippen!« Auch die moderne Haushaltstechnik wird schnell in den Sprachgebrauch einbezogen. Ein Staubsauger heißt bezeichnenderweise »Huulbessen«. Das Radio wird zum »Quakkassen«. Der inzwischen aus der Mode geratene Bohnerklotz wird »Blocker« genannt, und der Fernseher wird zur »Glotz-Buul«, zum »Puschen-Kino« oder zum »Billerkassen«. Der Wetterbericht ist unzuverlässig wie eh und je. Der war zu Urgroßvaters Zeiten in der Neustadt nicht nötig: Westen war das Wetterloch. Und wenn das Wetter besser wurde, dann hieß es nur: »Dat klart op achtern Swartpott« (der Schwarzpott war eine alte Festungswallbastion mit einem Pulvermagazin in der Nähe der heutigen Friedrich-Ebert-Straße, damals Kirchenstraße und später Brückenstraße). »Wittpott« gab's auch. Es war eine alte Wasserkuhle, entstanden aus einem früheren Deichbruchloch.

IV. Lögenhaft Vertellen

Einmal angefangen, Redensarten »auf gut bremisch« festzuhalten, muss man schon sagen: »Dat is Hackelwark!« Das hat jedoch nichts mit unvollständiger Flickarbeit zu tun, wie manchmal fälschlicherweise hinter diesem Ausdruck vermutet wird. Hackelwark ist eine Ausdrucksweise für eine wiederkehrend nötige Reparaturarbeit und kommt vom »Hackeltuun«, dem Gatterzaun aus frischgehackten Strauchreisern, die regelmäßig nachgesteckt werden müssen. Wer so etwas tun muss, hat jedenfalls keine Zeit zu »vertrödeln« oder gar »rumzulungern«. Vertut jedoch einer die Zeit wirklich nutzlos und »kriegt nix Ornliches zustande«, dann »is he een Lungepunk«, also ein Tagedieb, oder »een Fuulpup«. Andererseits gilt das Betteln des Hundes um einen Leckerbissen, wenn es bei Tisch so gut riecht, auch als »lungern«. Das gleiche sagt man zu einem Kind, das ständig Süßigkeiten haben will. Und Bremer Süßigkeiten besonderer Art sind die nach Anis schmeckenden braunen Zuckerstangen, die »Babbeleers«, eben weil man sie in den Babbel (Mund) steckt. Ebenso beliebt sind »Negerküsse« und »Bremer Kluten«. Und als »mien söten Kluten« bezeichnet manch junger Mann seine schnuckelige Deern.

Mit dem Lügen ist es eine besondere Sache. Als bewusst eingesetzte Unwahrheit »mag man so etwas nicht«. In den verschiedenen Abwandlungen zeigt sich die Vielseitigkeit der Darstellungskraft. So an der Wahrheit »eben vorbeigeschwindelt« ist »flunkern«. Doch der »Flunki« ist ein reichlich unzuverlässiger Mensch. Wenn einer beim Flunkern ein wenig dicker aufträgt, dann ist es »lögenhaft Vertellen«.

Natürlich geht es dabei nicht ohne gute Ausreden, denn »drei Dinge braucht der Mann, die alle mit G anfangen: Geld, Gesundheit und gute Ausreden!« Wenn aber einer eine Ausrede »zu fett aufgetragen hat«, bedeutet man ihm wohl: »Das glaubt dir keiner, das musst du noch mal umlügen!« Dann wird aus der Zwecklüge wieder »eine gute Ausrede, und die ist Geld wert«, sie muss nur wenigstens einigermaßen annehmbar klingen. Solange man noch darüber schmunzeln kann, ist es gut. Sonst bleibt es beim missbilligenden Naserümpfen.

Kommt aber das Naserümpfen von wirklichem Schnupfen, dann »hett he nen Schnöf« und »he is een Schnuufnees«. So kann er, wenn ihm nichts besseres sonst mehr einfällt, sich wenigstens »was durch den Kopf gehen lassen, und wenn es Schnotten sind!« Solchermaßen vom Schnupfen befallen, »fühlt man sich doch ganich bei Schick«. – »Aber da lässt man sich ja selbst nich mit durch!«

Und Chic wird bei falscher Eleganz zum Gegenteil. Der so aufgemachten »Schickse« sagt man nach, bei ihr sei »boven fix un unnen nix«, oder es heißt auch »boven hui un unnen pfui!« Da »hilft denn auch Pönen (Anmalen) nich über weg« und »bringt nix nich mehr«.

Das Gegenstück mit übertrieben biederer Einfachheit oder mit modischer Einfallslosigkeit ist, wenn »eine aussieht wie eine Trutsche«. Das ist aber was ganz anderes als eine »Tratsche«, weil damit die gerüchteverbreitende »Sludersche« oder die gemeingefährliche »Schludertante« gemeint ist. Die dürfte oft genug der Anlass sein, dass sich Nachbarn miteinander »kabbeln«, also ständig um Nichtigkeiten streiten. Kabbeln kommt von der Seefahrt und meint widerstreitende oder wechselnde Winde, die »kabbeliges Wasser« machen, was beim Schippern gar nicht sehr geschätzt wird. Hat aber einer hart am Wind gesegelt, »gifft dat nen natten Mors«. Dieser Körperteil wird beim Kleinkind in seiner zarten Rosigkeit »Pöter« oder »Zwiebackspopo« genannt. Es gibt da sogar noch eine besondere Redensart, wenn man von »pöten Mors« spricht. Das ist, wenn man sich knieweich fühlt, also wenn einem das Herz in der Hose sitzt, man also »Schiss vor de eigen Kuraasch hat«.

So betrachtet, klingt das alles gar nicht mehr so dusselig. Und dabei hat Dussel (Dummheit) mit Düssel (Stieseligkeit) nichts zu tun. Denn Düssel oder Stiesel meint den »Steh-inne-Weg«, das kommt vom senkrechten Stützholz in der Mitte der Grootdör des niederdeutschen Bauernhauses. Klar ist dagegen, dass sich »einer stieselig anstellt«, wenn er sich im Vorbeigehen daran reibt.

Nur wenn etwas »ganz verdwars lopen is«, dann »is dat een scheun Tass Tee«, also gar nicht schön. Aber wer mag schon »Tee mit Bubbels!« Dafür mag man in Bremen Missingsch. Das hat einer neulich so »verklickert«: Wenn einer plattdeutsch aufgewachsen ist und erst in der Schule angefangen hat, richtig hochdeutsch zu lernen, dann ist das, was er spricht und für deutsch hält, eben *»missingsch«*.

V. Man tau!

Die Aufforderung »man tau!« hat die gleiche Bedeutung wie »nu aber dalli – dalli!« oder auch »allezhopp!« Sie bedeutet, dass man im Sinne von »Beeilung« angetrieben wird. Die zweite Klangart ist »man zu« und versteht sich als ein Einverständnis, dass es so (oder gerade eben so) auch gehen mag. – Etwas ganz anderes dagegen ist beim Segeln oder überhaupt an Bord ein »Manntau«. Das ist eine Leine oder ein Tau-Ende zum Festhalten. Tau heißt niederdeutsch Reep oder »Lien« (Leine). Und das kurze Stück, eben dat »Tau-Enn«, ist ein »Tampen«, mit dem man so einiges anfangen kann: festmachen, verknoten – oder damit zuschlagen. Wenn er früher dazu gedient hat, jemandem wegen Ungebührlichkeit damit »den Achtersteven« (das Hinterteil) zu versohlen, dann »hett he Schacht kregen«, was aber mit dem ähnlich klingenden »Schmacht haben« wiederum nichts zu tun hat, weil das die besondere Begierde auf etwas Ess- oder Trinkbares ist. Es klingt zwar ähnlich, aber schon die andere Betonung verrät eine unterschiedliche Bedeutung: Mit »to enn« wird ein deutlicher Schlusspunkt gesetzt, eben weil etwas zu Ende oder endgültig vorbei ist. Dazu sagt man dann schlicht und einfach entweder »aflopen« oder »daddeldu«. – Joachim Ringelnatz hat diesem Ausdruck in der Figur seines aus aller Norm herausfallenden Seemanns »Kuddel Daddeldu« ein literarisches Denkmal gesetzt.

Doch auch da gibt es wieder ein paar Wortspielereien:

»Jan Daddel« ist einer, den man nicht so ganz klar einzustufen weiß, weil man nicht genau übersieht, wieviel er wirklich kann. Meistens versteht man darunter einen Typ, der »nur halben Kram zustande bringt«. Wenn er die Zeit mit unnützem Tun »vertrödelt«, dann ist er »am Rumdaddeln«. Schließlich hat er alles sinnlos »verdaddelt«, was soviel heißt, dass er alles verkehrt gemacht, also das Ganze verpatzt oder »verkorkst« hat. – Nur wenn man bei einer neuen Angelegenheit »nicht gleich in die Vollen« einsteigen will, weil man sich »erst einmal berappeln« (besinnen) möchte oder auch eine hinhaltende Vorbesprechung für ratsamer hält, dann muss man »die Sache erst was bedaddeln«, was heute im hochdotierten Management-Training wohl »brain-storming« heißt, wobei man »viel Gehirnschmalz verbraucht« und was eigentlich gar keine neue Erfindung ist. Kommt einer aber dann doch in Schwung, wird zumindest sprachlich gern wieder abgeschwächt, indem es nun »an der Zeit ist, inne Gänge zu kommen«. Sollte er im Anlauf besonders »lahmarschig« sein, dann wird er aufgefordert: »Nu komm schon endlich in ne Hufe!« So angestoßen, kommt er schließlich »innen Trott«. Aber bei zuviel »Rumtrotteln« und lang anhaltendem »Unnerwegenssein« heißt es schon: »De geiht op'n just.« Nur beim Rumflitzen zum »Einholen« (Einkaufen) wird die schnelle Gangart »rumjachtern« oder »abjachtern« (jagen) genannt, was aber ebenso die Kinder tun, wenn sie mi teinander spielend auf der Straße herumtollen, bis »ein ganz auße Puste kommt«.

»Glieks kriegst Schacht!« ...

Aber das macht schließlich nichts, wenn ansonsten »allns op'n Dutt is«, man alles klar beieinander hat oder eben alle richtig zusammen bekommen hat. Die genau umgekehrte Bedeutung ist bei »is in'n Dutt« gegeben. Dann ist etwas unrettbar dahin, also »kaputt bis zum Gehtnichmehr«. Auf gut platt heißt das: »Is in'n Mors!« – Bei diesem Wort sei an den Hamburger Wasserträger Hummel mit seiner drastischen Antwort erinnert. Jedoch hat der frühere sehr schwergewichtige Kapitän eines Bremer Schiffes seinen selbstgegebenen Spitznamen »Käppen Mors« nicht von diesem Körperteil abgeleitet; er fügte immer erläuternd hinzu: »Ick bün de Käppen von Mors!« (nämlich dem-Motorschiff »Mars«).

Zurückkommend auf Dutt sei der Vollständigkeit halber bemerkt, dass das als Haarkranz hochgesteckte echte oder aber auch das aufgesetzte falsche Haarteil sowohl »Tüüt« als auch »Dutt« heißt, sofern man es nicht einen »falschen Willem« (falschen

Der Käppen mit seinem »Stink-Stock«

Zopf) oder »Bibi« (Toupet) nennt. Der genannte Bibi kann aber auch als Scherzbezeichnung für einen »altbackschen« (altmodischen) Hut herhalten und wird dann zur »Dohle« oder zum »Kapotthut«, der vor hundert Jahren als Kiepenhut oder Schute gebräuchlich war.

Doch zurück zum Käppen, dem als Zeichen seiner Würde durchaus eine gute Zigarre anstehen darf, die auf plattdeutsch zum »Stink-Stock« wird.

Anderenfalls schmökt er wohl eine Pfeife, die, wenn er StinkKnaster raucht, zum »Stink-Brösel« herabgewürdigt wird und, wenn sie ein besonders großförmiges Exemplar ist, als »Wanzenhammer« fungiert. Mag sein, dass er dann noch einen markanten Spruch oben draufsetzt wie »is allens Ebbschiet!« Und das ist der Wattschlick, der oben an der Küste bei Niedrigwasser sichtbar wird und »mit den keinein nich was mit anfangen kann«, es sei denn so als natürliche Schlammpackung im Nordseebad.

Im früheren Freibad Oberländer Hafen an der Weser in Bremen, dort, wo jetzt die Rettungsgesellschaft zu Hause ist, war bei Ebbe das Turmspringen strengstens verboten, weil die Gefahr bestand, dass man dabei jämmerlich im Schlick steckenbleiben könnte. – Jedoch ist es immer noch besser, Schiet an den Füßen zu haben als »Kreienschiet innen Kopp« (Krähendreck). Wer die aber hat, bei dem hapert es mit der Verstandesmenge, und der »hat eine zu niedrige Mütze« oder »einen Nagel durch die Mütze«. Mag auch sein, dass er viel Unfug anstellt und man ihm deshalb bescheinigt: »De makt blots Undög.« Und was soll man mit so einem letztlich anderes machen, als ihn an die Luft setzen. Das geschieht dann mit der kurzen Formel »3 x b«, und das heißt »bums bist buten!«

VI. So ehm unt ehm!

... der hat nen Nagel durch die Mütze

Ein Bremer, danach befragt, wie er etwas so aushält oder »wie einen dagegen an kommt«, gibt als erschöpfende Antwort »na, so ehm unt ehm«, was heutzutage heißen würde, dass man sich den Umständen entsprechend arrangiert. Das ist wohlgeübte Unterkühlung, und die würde in drastischerer Beantwortung sonst so klingen: »Dat geiht di gor nix an!«

Natürlich steckt hinter beiden Antworten auch ein klein wenig Herausforderung, so »einfach aus schier Abasigkeit«. Im weiteren Gespräch kann man dann entweder einander »Kumpelmenten maken« (Komplimente machen) oder sich vielleicht auch mal über andere liebe Leute auslassen und dabei »ole Kamellen« (alte Geschichten) aufwärmen. Dennoch wird man »akkrat und penibel«, also sorgfältig und genau, darauf achten, ja nichts Unwahres von sich zu geben.

Im Gegenteil, man ist eher für pedantische »Püttscherigkeit«, die man anderenorts wohl als »pingelig« bezeichnen würde. Eine übermäßige Detailtreue bei einer leicht gezierten Darstellungsweise, etwa mit leicht erhobener Hand, ist dann »so etepetete« und wäre altjungferlichem Stil zuzuordnen. – Bloß wenn einem das Gespräch solcher Art schließlich selbst lästig wird, empfindet man es als »olet Gedöns«. Dergleichen kann aber auch ebenso für »ole Klamotten« gelten oder für »allerlei Backsbeern«, wenn es sich um eigentlich nichtsnutzen Kram handelt. Der rangiert dann unter »allens man blots Ödel-Dödel-Kram« oder einfach nur »Klöterkram«.

Ist solcher Plunder schon mit Staub oder Patina behaftet, also als leicht antik anzusehen, dann bezeichnet man »so'n Tüdelkram« aufwertend als »Edeltrödel«, und das ist etwas, woran »ein'n sein

Fiduz haben kann« (Freude). Es soll aber auch Leute geben, die sich mit »ole Scharteken« die heimische Bude viel zu voll stellen, um mangels echter Antiquitäten damit scheußlich anzugeben und »mit gequälter Eleganz glänzen« zu wollen. Das aber sind zumeist wohl »zugereiste Neureichs«, die glauben »dickdräwsch« tun zu müssen (großspurig auftreten), um die fehlende Gediegenheit durch absonderliche »Fisematenten« zu beweisen, was zumindest schlechte Ausreden sind. Doch mit »dicke Backen machen« allein ist hier in Bremen nun mal kein Eindruck zu erwecken, und man kann dabei leicht »achteraus segeln«, also den rechten Anschluss verpassen.

Solchermaßen ungewollt auf Abstand gesetzt, kann »ein'n schon hibbelig werden«, also nervös und aufgeregt sein; oder »ganz aufgeregnet« , wie »Tante Madda sacht«. – Als »Hibbel« bezeichnet man aber auch einen unruhigen Geist, den es nicht lange ruhig an einem Platz hält. So, wie eine Bachstelze ständig herumhüpft und mit dem Sterz oder Steert wackelt, wird in Anlehnung daran das quicklebendige Verhalten als »Wippsteert« und »Wuppsteert« oder als »Wibbelmors« gekennzeichnet. Dagegen ist mit »Wackelmors« mehr die Gangart mit ausgeprägter Schaukelbewegung des »Achterstevens« gemeint.

Klanglich ähnlich wie hibbelig klingt zwar »jipperig«, ist aber doch etwas anderes, nämlich die Begierde auf etwas, »worauf man einen Japper hat«. Das dabei zum Ausdruck gebrachte lästige Fordern heißt »drunsen«. Und gerade das bringt meist nicht den gewünschten Erfolg, sondern es wird eher als lästiges Gegacker mit »is allens Höhnerkram« abgetan. – Allerdings wird der damit geplagte Ehemann sich bemühen, dem »Hühnerhof« zu entfliehen, und er wird die besserwisserische Zurechtweisung höchstenfalls mit »as du meenst, Bertha!« beantworten, um sich ins Unvermeidliche zu fügen. Was sonst soll er schon dagegen sagen?

Insofern wäre zum Sagen eben doch schon etwas zu sagen: Vielleicht am besten im Sinne von »dat will ick di seggen!«, um ein paar Sprüche loszuwerden. Vielseitig wie die Sprache überhaupt ist auch hier die Bedeutung von »seggen«. Die »Toseggersche« ist die Souffleuse im Theater, also der »unsichtbare Kastengeist«, der »toseggen mutt«, indem er zu- oder vorsagt, was die anderen »nahsabbeln« und nachreden oder nachplappern müssen.

Der Versuch jedoch, dem anderen etwas einreden zu wollen, rangiert unter »ein'n was anschnacken«, jemand »bequasseln und besabbeln«. Das ist alles irgendwie direkte Rede. – Die indirekte Zielrichtung ist viel unangenehmer, und das wäre das »Hinterdreinreden« im Sinne von (übler) Nachrede, mithin »Sludern und Tratschen«. Wenn jemand so den anderen in schlechter Absicht, weil »er einen Piek auf ein'n hat«, verpfeift, tut er es als »Petzen und Pliffen«. Wer das tut, ganz gleich ob männlich oder weiblich, ist »ne ole Pliffkatze«.

»Piek« auf etwas haben, hängt also mit pieken (stechen, verletzen) zusammen, nicht aber mit zufassen. Das darf man aber durchaus beim »Ringelpietz mit Anfassen«, dem lustigen Tanzvergnügen. Nur am »Piez« selbst ist sicherlich das Anfassen nicht erlaubt, denn damit ist die unter der Bluse sich abhebende wohlgeformte und spitzhügelige Frauenbrust gemeint, also eine Sache des Anblicks. Damit hat man sich dann am delikaten Thema vorbeigelogen, jedenfalls »so ehm unt ehm«.

VII. An den Pfahl gepflockt

»Was kümmert es die stolze Eiche, wenn sich ein Borstenvieh dran schabt!«, soll wohl besagen, dass man sich an kleinlichem Gerangel nicht stören darf. Aber auf der Suhle oder Koppel tut es zum wirklichen Schubbern dann ein »Schüürpahl« (Scheuerpfahl), der nicht zu verwechseln ist mit dem »Sülpahl« oder Süllpohl«, nämlich dem tragenden Pfosten der Gatterpforte, um den sich die freischwebende Weidenpforte dreht. Ebenfalls feststehend war in alten Städten früher der in Markt- oder Gerichtsnähe befindliche »Schannpahl« (Schandpfahl), an dem damals die kleinen und großen Sünder angepflockt und öffentlich angeprangert wurden. Solch Prangerpfahl hieß altdeutsch »Schoppensteel« oder auch »Schopenstehl«. Manche Straßenbezeichnung erinnert noch daran.

Heute gibt es helle Verkehrslichter und masthohe Straßenleuchten. Aber früher, zu Zeiten des Gaslichts, musste der Laternenanzünder von einer »Lantüchte« zur anderen eilen, um die Glühstrümpfe zum Leuchten zu bringen. Der Laternenpfahl hieß bequemerweise zumeist bloß nur »Luchtenpahl«. Anders dagegen die Laterne selbst, die in noch früheren Zeiten als »Schienfatt« (Windlicht) zu leuchten hatte; und wenn sie mit Fischöl oder Tran beschickt wurde, dann deswegen »Trankrüsel« (Tranlampe) oder einfach Ölfunzel hieß.

Nur lautähnlich, aber etwas ganz anderes als Pahl, ist »Pool«. Das ist der Puhl/Pfuhl, also ein kleiner Tümpel oder Teich, der wegen des Froschgequakes auch »Poggenpool« heißt oder »Ützenpool«. Die als Kaulquappe im Wasser spaddelnde Froschjungphase ist demgemäß »Ützepogge« oder »Pielepocke« und bringt gerade den Kindern immer eine besondere Beobachtungsfreude. Allerdings kann »Ütze« oder »Itze« auch zum Schimpfwort werden für ein besonders ungezogenes oder unfreundliches Mädchen. (Bei zunehmendem Alter werden größere Tiere zum Vergleich herangezogen).

Wenden wir uns nun aber dem ländlichen »Haus und Hof« zu:

Das Anwesen und der bäuerliche Betrieb sind im Niederdeutschen ein »Weeswark« und umfassen den Besitz in seinem ganzen Umfang. Ins Haus gelangt man durch die »Grotdöör«, die große Einfahrtstür zur Diele. Man steht dann sogleich inmitten der »Deel« , also der Tenne, wo früher das Korn ausgedroschen wurde. Übrigens heißt die Diele im Holsteinischen »Pesel«, wovon sich das Wort »Piesel« für die Gaststube des Dorfkrugs ableitet. Hoch über der Diele breitet sich der »Wiemen« oder »Böhn« aus, also das Bodengerüst des Dachbodens, wo der Bauer Schinken und Mettwurst im Rauch hängen hatte. Der oberste Dachquerbalken ist der »Hahnebalken«, der auch »Hahnholt« heißt. Der Hahn hat also nicht nur vom Mist her gekräht. Sofern die Tragebalken des Dachgestells seitlich über das Mauerwerk als Enden herausragen, heißen sie »Knaggen« und sind oftmals mit Schnitzereien verziert. Und über den First zieht sich das ganze Dach entlang eine Kreuzlage von kurzen Balken zur Befestigung der Reeteindeckung. Sie heißen »Rüchholt« (Rückenholz).

Flett (Raum zu flacher = ebener Erde) ist der Wohnteil der Bauernhausdiele.

Jedoch meint »Dönz« nicht die Diele, sondern die Wohnstube. Das Wort Stube kommt von »stoven/stuben« und bedeutet nichts anderes als heizen; und die alten Öfen hießen auch »Staven«, was sich in Straßennamen (wie z.B. Stavendamm als Straße der Badestuben) erhalten hat, wie auch in »Staav«, der mit Holzkohle erwärmten »Feuerkieke«. Im Gegensatz zu der beheizbaren »Wahnstuuv« heißt der Schlafraum hierzulande »Kamer« oder »Slapkamer« (Kammer). In alten Niedersachsenhäusern befand sich darin das eingebaute Wandbett als »Alkoven« (gewissermaßen als Schlafschrank). Der »Koven« oder »Kaben« ist dagegen die Schlafgelegenheit für das Vieh, nämlich der Stall. Der Schrank in Stube und Kammer ist ein »Schapp« und dürfte sinnverwandt sein mit dem größeren Begriff des Schuppens für den abgeschlossenen Lagerraum. Der missliebige Begriff des Saustalls – des »Swienskaben« – wird auf platt als Schimpfwort zur »Swärenotsweertschupp«. Ist aber der echte Stall gemeint, dann betritt man ihn durch die kleine Nebentür, die »Missendöör« heißt, eben als Stalltür zum Misthaufen hin. – Ein aus Kreuzworträtseln nicht ausrottbares Wort ist »Eer« oder »Ern« für die Bauernhausdiele. Da kann man bloß sagen: »Bliff man op de Eern«, was soviel heißt wie vernünftig sein und »auf dem eigenen Teppich bleiben«.

Wenn de Hahn kreiht op den Mist

Es gibt auch kleine Nebenräume wie »Afsiet«, also »Abseite« oder Nebenkammer. Das kann entweder ein »Kabuff« sein, worunter man ein dunkles, enges Gelass versteht, oder einfach eine »Rumpelkammer« (Abstellraum), genau so wie eine zwischen zwei Räumen liegende fensterlose »Mittelkammer«. – An Bord von Schiffen wird aus der Kammer die Kabine oder Kajüte, und die »Köök« (Köken oder Küche) wird zur Kabüüs oder Kombüs.

Klosett oder »Donnerbalken«, ganz gleich ob drinnen oder als Sonderraum draußen, heißt auf platt schlichtweg »Schiethuus«. Und aus der (Garten-)Laube wird im weiteren Sprachgebrauch »Priölken« wie z.B. im Bremer Ratskeller.

Der Erker vor dem Wohnzimmerfenster ist »Utkiek« oder »Utlucht« und ist zuweilen mit einem »Spekulierglas«, also einem Spiegel, besetzt, damit »man die Straße langs« gucken kann. Ist die seitliche Haustür wegen des tief heruntergezogenen Strohdaches sehr niedrig gehalten, so dass man sich den Kopf stoßen kann, sagt man auch wohl beim Eintritt als Warnung »Duck di«, was in weiterer Anwendung bei manchem Kellerlokal zu dem bezeichnenden Namen »Kaffee Duckdi« geführt hat.

Zum Schluss noch eine alte Bauern-Wetterregel: »Wenn de Hahn kreiht op den Mist, wesselt dat Weer orrer blifft as dat is.«

VIII. Nu komm man nich vonner Rolle!

Das ist eine freundliche Ermahnung und heißt »bleib man hübsch auf dem Teppich!« Das muss einer sich sagen lassen, der gern vom Thema abkommt – oder davon ablenken will. Es ist jedenfalls etwas anderes, als wenn »einer aus der Rolle fällt«, denn das wäre ein schlechtes Benehmen.

So ein klein wenig »Rollenspiel« gehört im Leben schon dazu. Beim Theater ist die Rolle der Textauszug für den einzelnen Darsteller, meint aber auch den Charakter der darzustellenden Person. Und das zu beherrschen, setzt ein entsprechendes »Rollenstudium« voraus. Doch auch im sonstigen Sprachgebrauch heißt es schon leicht einmal: »Das spielt doch keine Rolle«, ist also eine bedeutungslose Kleinigkeit, ohne dass man sich ausdrücklich bemühen müsste, »nicht von der Rolle zu kommen«.

Es gibt jedoch Bereiche, in denen es sehr wesentlich ist, richtig »auf der rechten Rolle zu stehen«. Da hat sich aus althochdeutschen Zeiten der Begriff »Rolle« für das aufgewickelte Papier erhalten.

Unter dem Begriff der »Stammrolle« können sich viele Leute noch etwas vorstellen, denn das ist die Erfassung der persönlichen Daten im Personalregister. Gerade in der Seefahrt wird diese Wortbedeurung noch viel verwendet. Die Schiffsstammrolle ist demgemäß das Schiffsregister, in das die jeweiligen Schiffsdaten zur Indienststellung eingetragen werden. Zum »Rollenplan« an Bord gehören u.a. die »Musterrolle«, die »Bootsrolle« und die »Feuerrolle« sowie die »Zahlrolle« (engl. pay roll) und die »Speiserolle«. So sind in der Rolle jeweils bestimmte Dienste und Regelungen festgelegt, die bei Bedarf für die gesamte Besatzung anzuwenden sind:

Die »Musterrolle« ist die Gesamt-Besatzungsliste. Darin sind festgehalten die wichtigsten Schiffsdaten wie Name, Heimatflagge, Unterscheidungssignal, Vermessungsdaten, Maschinenstärke, Namen der Besatzung und deren Befähigungszeugnisse (Patente) sowie Angaben über Dienstantritt und Dienstende. Sie werden – außer der normalen Wachdiensteinteilung – in der »Bootsrolle« für die notfalls erforderliche Rettungsbootbenutzung fest eingeteilt. Zur ständigen Erprobung der diesbezüglichen Bereitschaft werden regelmäßige »Bootsmanöver« übungsweise ausgeführt.

Ähnlich ist es mit der Einteilung für evtl. Feuerbekämpfung, wofür es die »Feuerrolle« gibt; dabei kommt es besonders darauf an, dass die erfahrenen Führungspersonen auf die einzelnen Rollengruppen gleichmäßig verteilt werden.

Etwas ganz anderes ist die »Speiserolle«, denn diese hat Vorschriftencharakter und regelt die Verpflegungssätze, wie sie der Besatzung und dem einzelnen Mann gesetzlich zustehen.

Schließlich muss ein jeder auch auf der »Zahlrolle« – also der »pay roll« stehen, um am Zahltag seine Heuer »bar auf die Hand« zu erhalten; so war es früher an Bord üblich, den Mann direkt auszubezahlen. Heutzutage ist die vom Computer erstellte Abrechnungsliste als Heuerjournal die moderne Form dieser Rolle.

Wie eben alles an Bord seine besondere Bezeichnung hat, gibt es für die gebräuchliche Rolle, um die man ein Tau laufen lässt, schon wieder einen anderen Namen, denn das ist ein »Block«. Damit gemeint ist ein Holz- oder Metallgehäuse mit darin laufender eingekerbter Rolle zur Tauwerksführung. Die eigentliche Rolle heißt dann »Blockscheibe«. Das ganze wird als Block oben am Bügel mittels Schäkel befestigt, und am unteren Ende, dem »Hundsfott«, befindet sich ein Loch zum Festmachen des stehenden Parts einer Talje. Wer es so nicht begreift, muss es sich einmal von einem Sportsegler erklären lassen, denn dort werden die gleichen Begriffe verwendet.

Eine Besonderheit ist das »Rollen« als Bewegungsart. Wenn ein Schiff dazu neigt, besonders stark um die Längsachse zu schlingern, »dann rollt es«, und der Seemann »fährt auf einem Rollwagen«. Die Schlingerbewegung um die Querachse heißt dagegen »Stampfen«. Befindet sich das Schiff auf langem See-Törn in gleichmäßiger Bewegung auf Heimatkurs, dann hieß es in alten Segelschiffszeiten »rolling home«. Das ist auch der Titel eines Sailor-Shanty, der für alte Cap-Hoorniers zur allerletzten Reise erklingt.

Wenn einmal einer still vondannen geht oder sich unauffällig zurückzieht, spricht man zuweilen auch davon, dass er »sich verrollt« habe. Aber »verrollen« hat noch eine andere Bedeutung, nämlich im Sinne von verhauen und verprügeln, was auf missingsch »vergallern« heißt. Das »Rollkommando« unseligen politischen Angedenkens sei hier nur der wörtlichen Vollständigkeit halber erwähnt.

Wohl aber wäre abschließend noch die Formulierung zu nennen, dass »eine auf die Rollkarre gekommen« oder »einer unter die Rollkarre geraten« sei. Das ist eindeutig ein gesellschaftlicher Abstieg oder der Abrutsch vom Niveau ins Milieu, wovor man sich tunlichst hüten sollte.

Man muss eben doch darauf bedacht sein, auf jeden Fall »nicht von der Rolle zu kommen«, denn »Es komme wie es wolle, greifst du hinein ins Volle, spielst du auch eine Rolle!«

Fröhliches Nord-Süd-Gefälle

(Die Berge sind hoch und die See ist weit)

Kunterbunt ist doch das Leben,
und das Fernweh lockt den Knaben.
Warum in die Ferne streben?
– er könnt's auch zu Hause haben …
Sowas nur in Büchern lesen,
kann die Wissbegier nicht stillen;
nur wer selber dort gewesen,
möcht solch Wünsche sich erfüllen.

Würd ein »Nordlicht« es probieren
alpinistisch mal zu jodeln,
könnt's beim Abfahrn ihm passieren,
sich den Mors fix blank zu rodeln.
Steigt ein »Seemann« auf die Höhen,
ist ein »Jager-Tee« von Nutzen;
kann dann Gemseneier sehen,
ohne sich die Brill zu putzen.

Sollt ein »Berggeist« mal dagegen
es als Wellenreiter wagen,
merkt er, dass auf Wasserwegen
Seekrankheit durchzuckt den Magen.
Springt ein »Spezi« in die Wellen,
würd ihm schnell die Luft benommen,
müsst sich »steifen Grog« bestellen,
um auf festen Grund zu kommen.

»Nixenkuss« als Heringshappen?
Der »Klabautermann« wird sagen:
Ist ganz einfach den zu schnappen,
lässt sich ohne Reu ertragen.
Älpler wissen Jagdgeschichten,
die fast ganz wahrhaftig klingen:
»Wolpertinger« mal zu sichten,
wird nur seltnenfalls gelingen.

Langeweile kann sehr quälen,
wenn gar nichts geschehen wollte.
Doch an Pfunden lässt sich zählen,
was man nicht verdrücken sollte.
Immer munter und nicht prüde,
so vergehn die Urlaubswochen;
hinterher ganz hundemüde
kommt zu Haus man angekrochen.

Warum sich an andern reiben?
Übermut rächt sich noch immer.
Drum heißt's, auf dem Teppich bleiben,
Neugier macht nur alles schlimmer.
Wir soll'n nachher nicht belachen,
wenn so manches nicht gelungen,
denn auch alles mitzumachen,
waren wir doch nicht gezwungen.

Missingsch

Wenn einer weder richtig hochdeutsch kann und andererseits im Plattdeutschen ebensowenig vollkommen ist, dann liegt es wohl daran, dass er »plattdeutsch denken tut« und dennoch versucht, möglichst gewählt und umständlich »hochdeutsch parlieren« zu wollen. Und was dann dabei heraus kommt, das nennen wir hierzulande das typisch norddeutsche *»Missingsch«*.

Der Griff zum Brockhaus-Lexikon gibt dazu auch keine eindeutige Erklärung, sondern ist leider ein Begriffs-Gemengsel unter dieser Wortposition. Da heißt es einfach nur

- eigentlich meissnisch
- mit Messing zusammengebracht
- Mischsprache aus Niederdeutsch und Hochdeutsch.

Wir müssen also in der Bedeutungserforschung doch wohl weiter zurückgreifen. Da werden wir im »Kleinen Plattdeutschen Wörterbuch« fündig, das Renate Herrmann-Winter 1985 im Rostocker Hinstorff-Verlag herausgebracht hat. Da ist nachzulesen: Missingsch = Sprachform, die eine Vermischung von Hochdeutsch und Niederdeutsch darstellt. Die Herkunft des Wortes ist sehr umstritten. Man hat es zunächst mit dem nicht sonderlich edlen Mischmetall Messing in Verbindung gebracht. – Offenbar aber ist es eher, wie die frühesten Zeugnisse des Wortes belegen, eine umgestaltete niederdeutsche Form von *»Meißnisch«*, der Bezeichnung für die obersächsisch-meißnische Sprache. Diese galt im 16./ 17. Jahrhundert in Norddeutschland als vorbildhaft für das Hochdeutsche schlechthin. Und es war das Verdienst Martin Luthers, aus dem urtümlich Sächsischen das Hochdeutsche entwickelt zu haben. Als er beim Kurfürsten von Sachsen Asyl erhielt und sich dem Sprachenstudium und der Bibelübersetzung widmen konnte, war am kurfürstlichen Hof in der Hauptstadt Meißen die »Kanzlei-Sprache« das sprachliche Vorbild. So ist denn das neue

Hochdeutsch in den Kanzel-Sprachgebrauch gelangt und hat sich immer weiter in Norddeutschland ausgebreitet. Und diese neuartige Sprechweise wurde dann bezeichnenderweise als *»Missnisch«* erklärt. Ebenso verständlich dürfte aber auch sein, dass bei der gewollt wohlklingenden Anwendung dennoch immer wieder althergebrachte Sprachidiome mit einflossen und auch bedeutungsvoll durchschlugen. So heißt es denn in diesem Lexikon-Text auch weiter: Die Versuche der plattdeutsch Sprechenden, hochdeutsch zu reden, blieben lange unvollkommen, das Ergebnis war eine Vermischung von hoch- und niederdeutschen Elementen. Seit Fritz Reuter ist diese Sprachform aus dem Munde von Onkel Bräsig weit bekannt geworden. Charakteristisch für das Missingsch ist auch, dass niederdeutsche Wörter falsch ins Hochdeutsche übertragen werden, wie zum Beispiel »von baben dal in der Mestkaule« anstelle von »von oben hinein in die Mistkuhle«.

Im Bremer Sprachbereich wusste es Karl Lerbs besonders ausdrucksvoll zu formulieren, wenn er einen Gemischtwarenhändler sagen lässt, als eine bestimmte Sache gerade nicht vorhanden ist: »Haben tun wir tscha momengtan augenblicklich keine nich, aber kriegen wolln wir tscha gerne mal sehen, ob wir nich doch noch eine mal tun können.«

Und was die oftmals übertriebene vornehmtuerische »Benehmität« angeht, so hört man hier auch wohl sagen: »Wenn einen das gute Verstehstemich nich aufbringen tut, bei den will dat Fiene pattu nich rin!« Und wer auch das nicht begreift, der »hat das richtige Kapeh nich« … Ein wahrer Meister dieser wohlklingenden Formulierkunst ist der bekannte Schriftsteller Gerd Lüpke, der es so ausdrückt: »Dieses nehmlich is heut un hunnertfuffzig später (as Unkel Bräsig) jüst akkrat ümmer noch so!« – Und was die Bremensien-Literatur anbelangt, lässt er seinen legendären Käppen Möhlenbeck zu »Bremen Best« äußern: »Ich wollt ganz bannig gralieren zu Ihr neues un sehr feines Bremen-Buch. Auch zu die ehrenvolle Erwehnung von meinen geehrten Namen in dasselbe. Ich habe mir sehr über Ihnen gefreut – auch wegen die echten Geschichten in Ihr Werk. Das soll Ihnen immer gut gehen …«

Doch es gibt auch zutreffende neudeutsche Wortbildungen. So wird im politischen Bereich von einem, der etwas absolut nicht begreifen will, gesagt, er ist »beratungsresistent«. Und das »schnallt der selbst bestimmt nicht« …

Berufsbezeichnungen: bremisch – missingsch – platt

Damit sie nicht in Vergessenheit geraten

Ein Mann, ein rechter Kerl, ist »een Baas«. »Een Baas von Kierl« ist jedoch kein Supermann, sondern einfach nur eine weitere Betonung. Um das hier niederzuschreiben, ist man dann »een Schreewbaas« (ein »Schreiberling« oder Schriftsteller). Und um gleich echt bremisch zu beginnen: »Dat schall mi mol verlangen, wat dorut ward!« – »Verlangen« versteht sich hier als »genau wissen wollen«.

Eine erste Zusammenstellung von Berufsnamen findet sich in der Abhandlung »Die Sprache des Hafens« und hat darin die typischen Hafenberufe »aufs Korn genommen« neben den ohnedies wohlbekannten Bordbezeichnungen und was sonst am Hafen hängt. Doch daneben gibt es noch eine erkleckliche Anzahl besonders klingender »Professchonen », die in ihrer urtümlichen Fassung nun nicht gerade im Adressbuch stehen. Wenn »Tagenbare«, also echte Bremer, miteinander »schnacken«, ist ihnen völlig klar, was und wer im Einzelfall gemeint ist. Derartige Berufsbezeichnungen sind ausdrucksstark und kommen meistens aus dem niederdeutschen Sprachgebrauch, deshalb dürften die »Übersetzungen« und Erläuterungen zum besseren Verständnis beitragen und den Bremer Neubürgern, die von südlich der Ochtum zugereist sind und, wie bereits gesagt, im Volksmund »Quittjes« oder auch »Bickbeernschweizer« heißen, den Umgang mit Bremern erleichtern.

Am besten beginnen wir mit den Handwerksberufen, da sie am weitesten zurückreichen und sicherlich die volkstümlichsten Namen tragen. Ein typisch bremischer Beruf, auch heute noch, sind die Steinsetzer aus Habenhausen und Arsten. Sie werden deshalb seit eh und je schlichtweg nur »die Habenhauser« genannt, sonst aber »Straatenmaker« oder »Steenekloppers« (Straßenbauer und Steineklopfer). Wer einmal selbst Gehwegplatten verlegt hat, weiß, welche Fertigkeit dazu gehört, darum sagt man beim Anzweifeln von Fähigkeiten denn wohl: »Kannst du Suumsteen (Kantsteine) setten? – Jan Ziehms ut Arsten, de kann dat!« Dagegen gibt es dann nichts mehr einzuwenden.

Ein Bremer Original: »Heini Holtenbeen« seggt »Schannewert«

Am Bau arbeiten Zimmermann, Tischler und Mauermann. Sie finden wir als »Holtbuck« oder »Holtwurm« und als »Muurklacks« oder »Baljenraker« (von Holzbock, Holzwurm, die das Holz anbohren, und Mauermann, der die Steine mit einem Klacks Mörtel zusammenfügt, nachdem er sie zuvor in der »Balje«, Wanne, hinaufgetragen hat).

Wenn der Bauherr den Polier fragt, wieviel Arbeitsleute er hat, sagt der wohl: »Wenn't sick bewegt, sind't Duwen (Tauben), un wenn't sick nich bewegt, sind't Muurlüd.« Die sanitäre Installation macht der »Blickensläger« (Klempner, der das Blech schlägt); und die Stromleitungen legt der »Strippentrecker« (Elektriker oder »Salonarbeiter«). Für den letzten Anstrich sorgt dann der »Pinselquäler Meister Quast« (Maler), der auch als »Plankenstrieker« tätig ist (Anstreicher), wenn großflächige Arbeit geleistet wird. Aufs Dach steigt einem »de Swatte Mann«, de »Kaminrutscher« oder auch »Sottje« (Schornsteinfeger, der den »Sott« – Ruß aus dem Kamin – kehrt).

Noch in den zwanziger Jahren kam der Uhrmacher einmal wöchentlich auf seiner Kundentour ins Haus, um die Uhren aufzuziehen und zu regulieren. Mit dem »hatte man« einen Betreuungsjahresvertrag. Auch die Kirchturmuhren musste dieser »Klockenschoster« aufziehen.

Das verbeulte Auto bringt der »Bulenklopper« (Karosserie-Klempner) wieder »auf schick«; nicht zu verwechseln mit dem

»Kedelklopper« (Kupferschmied). Die auf der Werft tätigen Nietenklopfer und Nietenwärmer heißen dagegen »Nietenpuper«.

Unterbekleidung und Stoffmeterware gibt es beim »Plünnenrieter« (reißt das abgemessene Stück vom Ballen ab); und wenn man sich die Oberhemden nähen lässt, wie das früher gang und gäbe war, geht man zur »Neiherschen« (Weißnäherin). Der Haarkünstler heißt »Balbutz« und »Snutenputz« (Friseur), und die Damen gehen zum »Lockendreiher« (Dauerwellen).

Ein »Zigarrnmaker« und »Wickeldreiher« dreht ebenfalls etwas, nämlich den Überseetabak zu »Bramsil«-Zigarren (mit »m«). Dieser Beruf war im vorigen Jahrhundert am Buntentor zu Hause, über dessen Bewohner, »de Geelbeen«, es eine Vielzahl von »hanebüchen Vertellen« gibt. Sie haben den »Zollmöpsen« (Zöllnern) und dem »Putz« (Wachtmeister, Schutzmann) manchen Streich gespielt. Und weil der sich zuweilen einen Übeltäter greifen konnte, wird der Ordnungshüter auch »Vagel Griep« genannt.

Doch »Mudder Griepsch« ist etwas völlig anderes, nämlich die bei der Hausgeburt herbeigeholte Hebamme. Heutzutage erfolgt das Kinderholen in der Klinik. Der bei der Geburtshilfe tätige Frauenarzt rangiert unter »Damen-Schneider« wegen der manchmal nötigen chirurgischen Nachhilfe. Der richtige Schneider dagegen ist entweder ein »Fadenbieter« oder einfach »Meister Zwirn«, zuweilen gar »Meister Wipp« mit dem Schneidersitz, weil er mit überkreuzten Beinen auf dem Nähtisch sitzt.

De »Schoster« (Schuhmacher) sorgt für den guten Zustand unseres Schuhwerks und heißt auch »Meister Pickdraht«. Einer, der vornehmlich Kleinreparaturen ausführt, ist dann der »Flickschuster«. Das kann allerdings auch einer sein, der nichts Vernünftiges zustande bringt und nur »halben Kram« (Flickwerk) abliefert. Die Schnellbesohlanstalt heißt sinnigerweise »Galoppschoster«. Wird dagegen ein Pferd neu beschlagen, bekommt es beim Schmied »Peer-Holschen« (Hufeisen), was ursprünglich im Teufelsmoor unter die Hufe geschnallte Bretter waren, um das Einsinken im Moor zu verhindern.

Bleiben schließlich noch im Handwerksbereich der »Klütjenbäcker« (Feinbäcker), der Brötchen und die beliebten Bremer Zwiebäcke herstellt, und der »Knokenhauer« oder »Specksnieder«

(Schlachter). Zu ihrer Runde gesellen sich als Dritte im Bunde der »Smutt« oder »Smuttje« (Koch, Schiffskoch) und de »Köksch« (Köchin, Kaltmamsell), die beide, wenn sie einfallslos kochen, auch als »Frikadellenschmied« tituliert werden, vor allem wenn sie in einer »Waffenschmiede« (Betriebsküche) arbeiten.

Hökern ist Handeln im gewöhnlichen Sinne des direkten Verkaufens. Darum heißt die ihre eigenen Garten- und Feldfrüchte darbietende Gemüsefrau klarerweise »Grönhökersch«, »Kohlhökersch« oder »Blomen-Tante« (Marktbezieher mit Obst-, Gemüse- oder Blumenstand). Die Bremer Kohlhökerstraße verweist auf die in früheren Jahrhunderten hier gelegenen Gemüsegärten. Doch der Begriff »Hökern« findet sich ebenso wieder beim »Plünnenhöker«, was einerseits der Textilhändler sein kann und andererseits der ambulante Altwarenhändler, der früher als »Knoken- un Plünnenmann« mit einem Pferdefuhrwerk durch die Straßen zog. Ihn umringte immer eine Schar neugieriger Kinder, und er war derjenige, mit dem sie um die begehrten Groschen feilschen mussten für »Knoken, Plünnen, Old Isen, Papier«, wie er melodisch ausrief und es straßenweise mit Glockengebimmel ankündigte. Nur namentlich artverwandt, eben für Neuware , is der »Isenhöker« (Eisenwarenhändler), der alles verkauft, was zum Haushalt gehört: »De hannelt mit Pött un Pann.«

In Bremen schon legendäre Figuren sind die als »Fisch-Lucie« bekannte Fischhändlerin und der durch die Straßen fahrende »Granat-Onkel«. Hier wird der Name einfach aus der feilgebotenen Ware hergeleitet und individuell markiert. Wer beim Ausfahren seiner Ware mit einem Pferde-Fuhrwerk kutschiert, heißt eben logischerweise »Kutscher«. Dazu kommt der entsprechende Namenszusatz wie »Beerkutscher« (Bierwagenfahrer), »Liekenkutscher« (Leichenwagenfahrer), »Droschkenkutscher« (Taxifahrer) oder »Müllkutscher« (Müllwerker).

Die alte Bremer Pferdedroschke hieß bei unseren Großvätern einfach nur »Papendieker«, weil das Taxameter-Unternehmen einem Herrn Papendiek gehörte (»zugehörte«, wie man in Bremen sagt). Der »Aschenkierl« wurde auch als »Jan Asche« angesprochen, denn damals fiel in jedem Haushalt noch viel Herd- und Ofenasche an. In falsch verstandener Vornehmheit soll ihm diese Tätigkeit in der Villenvorstadt sogar den wohlklingenden Titel »Johann von Unrat« eingebracht haben.

Die Berufe des Handels sind gleichermaßen angesprochen wie z.B. beim »Päpersack«, »Peppersack« (Großkaufmann), der angeblich auf dem Geldsack sitzt, »den dicken Willem« markiert und der zu den »Wohlbetuchten« gehört. Wenn dabei die Selbsteinschätzung zur absoluten Selbstgefälligkeit wird, dann wandelt sich die High-Society zur »High-Snobiety«. – Der bei ihm tätige kleine »Büroknüppel« (Angestellte) gilt in Bremen als von allgemein etwas schmalerem Salär, mit dem er sich nicht allzuviel leisten kann. Was Wunder, dass er als »Dintensuper« (Tintenklecks er) betrachtet wird. Weil er den Bürostuhl drückt und seine Verdienste sich angeblich in der Anzahl der durchgestoßenen Rockärmel und durchgescheuerten Hosenböden niederschlagen, hat ihm diese Tätigkeit den Berufstitel »Bockforzer« eingetragen, oder er wird als »Bliepenn-Stemmer« eingestuft, wobei »Bleifeder« anderenorts nur Kopfschütteln auslöst, weil der Bleistift so gar nichts mit der stählernen Schreibfeder oder dem früheren Gänsekiel aus den alten Stehpultzeiten zu tun hat.

Die Bürobriefpost wird von der »Tippmamsell« oder »Tippse« (Stenotypistin) geschrieben. Und der Bürobote tritt von der »Botenbörse« (Postabfertigungsstelle der Firma) aus seinen Botengang an. Unter »Postbüdel« ist allerdings weder dieser Firmenbote noch ein amtlicher Postsack zu verstehen, sondern der wirkliche Postbote (Briefträger). Für die telefonische Gesprächsvermittlung ist die »Quasselstrippe« (Telefonistin) zuständig, die, wenn sie am Firmeneingang zugleich »die Dame am Empfang« ist, gewissermaßen als »Volksempfänger« fungiert.

Der Hausmeister agiert als »Kommandeur des Putzlappen-Geschwaders« (Raumpflegerinnen). Er sorgt für den zweckdienlichen Einsatz der ihm unterstehenden »Putzkolonne«. Dabei ist »Putze« absolut keine abwertende Bezeichnung für die Raumpflegerin. Ist sie besonders emsig, nennt man sie »Putzlaputz«. Das gilt auch für die übereifrige Hausfrau. Nur die Schmuddelige, die nur »einfach so überhin wischt«, muss sich gefallen lassen, als »Smeerlapp« (Schmierlappen) angesehen zu werden.

Die Toilettenfrau in der Gaststätte heißt »Mudder Wischmann«, die Waschfrau »Frau Saubermann«, und der Straßenfeger wird in

Bremen zum »Pottenkleier« (Potten = Straßenschmutz). Dafür nennt man den (heute durch Reinigungswagen ersetzten) Gleisreiniger der Straßenbahn einen »Ritzenschieber«, und die früher mit dem handgeschobenen Gleishobel wirkenden Schienenhandwerker wurden von den Kindern wegen des beim Abschleifen verursachten Kratzgeräusches »Kritzenkratzer« getauft.

Die freien Berufe und die Staatsdiener sind in diesem Namensreigen ebenfalls würdig vertreten. »Afkaat« kann logischerweise nur der Advokat (Rechtsanwalt) sein, der im Streitfall von der unterliegenden Partei wohl auch als ein »Rechtsverdreher« angesehen wird. Muss ein Gerichtsvollzieher säumige Beträge einpfänden, dann kommt der »Pannemann« (Pfändungsbeamter). Wer sich jedoch vor solcher Misere schützen will, kann vielleicht vorher die »Kortenleggersch« (Wahrsagerin) befragen, die, wenn sie Unheil vorausahnt, dann als »Speukenkiekersch« (Geisterseherin) gilt. Da hilft auch der große Pump beim »Halsafsnieder« (Geldverleiher) nicht mehr viel. Ist einem der Ärger endgültig auf den Magen geschlagen und kann der »Quacksalber«, der »Knokenbreker« oder der »Piendokter« (Arzt) nicht mehr weiterhelfen, muss das Hausmittel des »Aftekers« (Apothekers) herhalten, der als »Pillendreiher« und »Giftmischer« die beruhigenden Tabletten und Pülverchen zusammenmixt. Und wenn es Schwierigkeiten mit dem »Esszimmer« gibt, muss der »Muuldokter« als »Kusenklempner« (Zahnarzt) tätig werden.

Der Schulmeister »soll die Kinner was lernen und ihr auffe höhere Schule raufhelfen«, was »gaanich so einfach is, wenn se »pattu« (partout) nich begreifen wolln«. Da musste früher wohl der Rohrstock nachhelfen und den Lehrstoff einbläuen. Deshalb heißt der Lehrer immer noch, zugegebenerweise ein wenig abfällig, »Pauker« oder sogar »Arschpauker«.

Zur fünften Bremer Jahreszeit, dem »Bremer Freemaak«, ziehen »Muskanten« und »Lierndreiher« durch die Straßen (Musikanten und Orgeldreher). Dabei ist zuweilen auch Blasmusik eines einzelnen Posaunisten zu hören, das ist der »Blickpuuster« (Blechbläser). Und wenn einer Klavier spielt, ist es der »Klimperheini« (Pianist). Als Gesangssolistin tritt die »Heulboje« auf, und der Chor übt als »Blarrvereen« (Gesangverein) das »Blarren« oder

»Plärren« = Heulen. Die im Theater-Ballett mitwirkende »Hupfdohle« ist unschwer als Tänzerin zu erkennen. Beim Schauspieler und Alleinunterhalter gibt es feine Unterschiede; je nachdem wie er »ankommt«, gilt er als »Juxmajor«, »Possenrieter«, »Kompanieclown«. Einen leicht anrüchigen Beigeschmack hat der Begriff »Piesel« (Gastwirt), doch wird dabei vergessen, dass der Ursprung ein echt niederdeutsches Wort ist, denn es kommt von »Pesel«, das ist die Bauernhausdiele, wie sie heute noch in Schleswig-Holstein heißt. Guckt einer bei ihm zu tief ins Glas oder ist jemand fest »mit der Flasche verheiratet«, gilt er als »Schnapsdrossel« oder »Suupsack« und muss sich wohl oder übel den Ehrentitel »Kömnees« gefallen lassen. »Köm« heißt Kümmelschnaps und gilt im Niederdeutschen für den »klaren Schluck«. Und wo kauft man den Schnaps? Beim »Tütenkrämer« und »Tütenpuuster« (Lebensmitteleinzelhändler) oder dem »Kaufmann an der Ecke«, der schon immer wegen der als Fassware geführten Salz- und Matjesheringe im Volksmund »Heringsbändiger« heißt.

Freimarkt macht immer wieder Spaß

Wir gehn nicht hin, nur um zu schaun;
auch kräftig auf den Putz zu haun
gehört seit altersher dazu,
denn Freimarkt lässt uns nicht in Ruh.
Da wird geschubbst und mitgedrängt;
sind wir erst richtig eingeengt
im Volksgewühl so mittenmang,
ist's um die Stimmung uns nicht bang.

Wo rasend sich die Gondeln drehn,
da bleibt uns fast der Atem stehn,
und Lichter blitzen kunterbunt
beim Rückwärtssturz zum Höllenschlund.
Was Wunder, dass nicht revoltiert
der Magen, wenn er so rotiert.
Was wir zum Freimarkt stopfen rein,
könnt sonst gesund gewiss nicht sein.

Es gibt soviel zu sehn und hörn,
da kann der Krach uns gar nicht störn.
Die Mutti findet nur nicht nett
den Bratwurstfleck auf dem Jackett.
Als Hauptgewinn schleppt man zum Schluss
nen Riesenteddy mit zum Bus,
ne Puppe auch mit blondem Zopf
und nen gewaltgen Kaktustopf.

Ist der Etat voll ausgenutzt,
das »Pott juchhe« ganz leer geputzt,
tut das dem Bremer doch nicht leid,
er liebt die schöne Freimarktszeit.
Ist sie vorbei, heißt's »gottseidank«.
Ein Kuchenherz bummelt am Schrank
als Alibi und als Beweis,
wie schön man hier zu feiern weiß.

Freemaak 1919

Vertelld un opschrewen von Wilhelm Steinmeyer, ehem. Karl-Lerbs-Straße 3

In't Jahr negenteinhunnertunnegentein weer't. De groode Krieg weer grad so knapp een Jahr vorbi. Den Kaiser Willem weern wi los, de weer ut Dütschland weglopen un nah Holland hen utneiht. Dor weer he flietig an't Holt hacken, denn wat anners harr he nich lernt un geef dat nu för em nich mehr. Wi harrn em meist vergeten un harrn nu wat betert to dohn, denn bi us weer woller Freemaak, de eerst Freemaak nah den Krieg.

Dat weer allens woller so as vörher ok: Karussells un Mallmölen, Schippschaukels, Lamberts Berg- un Daalbohn, un ok ne Masse Buuden. Just so as vandaag ok geef dat op den ganzen Maakt nix anners as blots groode Attrakschonen un Sensatschonen. De Minschen weern an't schuuwen un dremmeln. Ick daar meernmank un pass op, dat ick von all den Spektakel ok nix verlüsen däh. Bi all de Schuuweree stünn ick miteens twüschen so'n Hümpel Lüüd vör een Buud, wo dat woll wat ganz Afsünnerlich geewen schall. Boven öber den Ingang stunn in groot Bookstaben to lesen: *»Eulalia, die Dame ohne Unterleib!«*

»Wat di dat woll is?« meen ick to mi sülms, un mi dücht, dat kunn jo woll nich angohn! – Een Froensminsch blots mit boven wat un ünnen gar nix, sowat mutt een sick doch mol gau ankieken. Twinting Penn weer jo 'n beten veel Geld darför. Ober: Ischa Freemaak! Ick betaal mien »Angtree«, un denn nix wi rin in dat »Etablissemang«!

As ick daar binnen keem, dach ick, dat de Oolsch an den Disch glieks blang den Ingang woll meist den Kalif von Bagdad ut sien Harem wegloopen weer, so seeg de ut. Se kunn wiss nich de Daam ohn Unnerliev wesen, denn ünnern Disch weern een Paar Been in groode Pluderboxen to sehn, un orientalsehe Pampuschen harr se ok an. Harr ick doch recht. Dat weer de Wahrseggersche, de ut de Handlinjen von een Minschen sien Tokunft vörutseggen kann. As ick se nu froog, of dat in mien »Angtree« ok binnen weer, daar wurd se fix vergrellt un meen, dat mien eegen Tokunft mi tominnst noch eenmol twintig Penn extra weert wesen schall. Neeschierig as ick weer, muss ick also berappen. Von all dat, wat se mi över mien Tokunft proffzeit harr, is denn laterhen blots een Saak wahr wurm, dat ick warraftig een Fro funn. Ober de harr ick woll ok ohn ehr Speukenkiekeree kreegen. Na denn, ick wuss nu Bescheed un söök mi een moi Plaats, dat ick de Sensatschonsdaam recht bekieken kann. Duurt denn ok nich mehr lang, un de Vörstellung güng los. Toerst keem de Utrooper, de buten an Ingang so rümbolkt harr, rin. He muss woll de Manatscher von dat Spillwark sien. Von de bewusste Daam geef dat jümmers noch nix to sehn. Eerst geef dat noch een »Rahmen-Programm«. He mellde den Optritt des »größten Zauberkünstlers aller Zeiten« an. De keem achter den Vörhang rut, mook so'n paar Fisematenten mit Speelkorten un puhl sick so'n paar lüttje witte Bälle ut de Nees. Dat weer all meist de ganze Zauberee. Keen »Gala« -Vorstellung sunner blots so'n beten mickeriget »galla-galla«. – Un denn keem »de groode Momang«, *Eulalia*, die Sensatschon von'n Maakt! De Buud weer düster, de Vörhang anne Bühn güng utenanner – ok daar weer't düster. Blots so inne Mitt weer een beten »magische Beleuchtung«, so'n blaken Funzellicht op een wackelig Disch. Dat böverst Enn von een Froensminsch weer to sehn, un se weer ok lebennig, denn se vertrock de Visaasch to een Grientjer un plinkerte mit de Oogen. Mit veel Snack un dösig Gebabbel wurd se vorstellt. Een Jungkerl ut dat Publikum wull dat ober nippe un nau weeten un dat eegenhannig ünnersöken, wi dat bi se ohn Unnerliev funkschoneert. Ober daar gung de Manatscher glieks twüschen un bedüüd em, dat he doch dat Schaamgeföö̈l von den Daam nich verletzen draff. Darüm wurd de Vörhang denn ok gau dich makt, un de Vörstellung weer toenn. Tofreen weern wi nich. Ober de Jungkerl meen: »Nä, een halv Froe, dat is nix. Wenn ick een söök, daar mutt allens an sien mit boven wat to'n Anfaten un ünnen wat to'n Rinkniepen!« – De harr doch Recht.

In de anner Buudenreeg keem ick vör een Scheetbuud un dacht, so'n Handvull Blomen aftoscheeten, dat is doch woll' n Klacks för een recht Mann. Un denn hett een doch ok glieks wat inne Hand, wenn em mol een Froe inne Mööt kummt, so as de Wahrseggersche dat ans eggt harr. – Keem ok een – ober echt kregen harr ick laterhen doch een annere, un bi de fehlde nix! So is dat, un se is jümmer noch mien!

»Oma, erzähl doch mal!« – Spaß und Schadenfreude damals am Buntentor

»Oma, erzähl doch mal!«, so betteln die Kinder. Die Oma weiß doch so viele schöne Geschichten von damals, als es in der Bremer Neustadt noch ganz beschaulich zuging und als noch »jeder jeden kannte«.

Wenn die »ganz kleinen Leute« ihre Kinder zur Schule schickten, mussten diese zur schulgeldfreien Buntentorschule. Sie hieß damals im Volksmund auch »Klinken-School«, wegen der hinten offenen Holzpantoffeln (Klinken). Heute heißen diese Schuhe Clogs und sollen etwas Besonderes sein. Wenn die Eltern aber so viel verdienten, dass sie »ihren Kindern was bieten« konnten, mussten sie Schulgeld zahlen, weil sie die Kinder dann zur Schule am Geschworenenweg oder zur Bulthauptschule am Neustadtswall schickten.

Allein das ergab, auch für die Kinder, schon das Bewusstsein eines »sozialen Unterschieds«. Sowohl überheblich als auch geringschätzig beschimpfte man sich gegenseitig mit »Geld-School« und »Klinken-School«. Doch sonst gab es nur wenig Unterschiede, denn »de mit Geld harrn ok Lüüse!«

Das Schulgeld betrug fünf Mark für das erste Kind, drei Mark für das zweite und zwei Mark für das dritte. Es summierte sich also doch beachtlich, und bei drei Kindern kam man schon auf stolze zehn Mark. Die Mädchen trugen zur Schule eine Vorbindeschürze, und die sollte eigentlich mittags auch noch sauber sein. Das fiel manchmal sehr schwer, denn man spielte doch so gern.

Die Zeugnishefte von damals vor 90 Jahren sahen genauso aus wie die nachher vor 60 und vor 30 Jahren. Nur hatten damals die Lehrer eine wirklich gestochene Schrift. »Oma, du hattest ja nur Einser!, was musst du für ein artiges Kind gewesen sein!« Sie schmunzelt und denkt sich ihren Teil.

Heute werden überall englische Wörter verwendet, so dass Oma oft nicht weiß, wovon die Rede ist. Und die Lieder erst! – Früher und im 19. Jahrhundert war es üblich, französische Brocken zu gebrauchen, denn »das klang nach was«, auch wenn man häufig den Ursprung nicht genau wusste.

Wenn wir Kinder uns beeilen sollten, sagte unsere Mutter entweder »allezhopp« oder »allons«, und dann war wirklich »höchste Eisenbahn«, und es gab keine Widerrede! Allons kommt von der französischen Nationalhymne, die mit »Allons enfants de la patrie« anfängt, d.h. Kinder des Vaterlandes. Und aus dem enfant wurde dann ganz bremisch ein »Fant«. Das war so'n Jüngling mit geschniegelten Manieren, eben ein eitler Fant, den man eigentlich nur ärgern konnte. Mit ihm spielen, das war nichts, und schon gar nicht »auf Straße«.

Fangen spielen hieß »Kriegen spielen«. Und auf der Straße war Platz genug zum »rumpeesen«. Hieß auch »scheesen«, wenn's ganz schnell war, von französisch chaise.

Zum Fußweg sagte man Trottoir. Nur die Straße hieß klar deutsch »Pferdestraße«. Man spielte »auffe Pferdestraße »und ließ sich auch durch die Pferde-Äpfel nicht stören. Die »Peer-Appeln« wurden sogar mit der Müllschippe vorsichtig aufgenommen und waren der beste Gartendünger.

Das »Kabinett« mit dem Herzchen in der Tür war hinten auf dem Hof, beim »Souterrain hintenheraus«. Das war eben das gute alte »Plumps-Klo«. Wenn die Leute von Alves kamen, die überall nur »Jan Schiet« hießen und die »Goldeimer« abholten, ging als Aufschrei durchs Haus: »Mach die Fenster und Türen zu, Jan Schiet ist da!« – Es war ja auch nicht gerade ein Wohlgeruch, wenn er die Eimer durch den Kellerflur rollte. Und die Küchen lagen in den Bremer Häusern doch im Souterrain. Der Stangenhof war der damals in diesem engen Wohnviertel gelegene öffentliche Reihenabort und gehörte zum Bereich des Fäkalienabfahrers Alves. Dort wohnte damals das Ehepaar Rehbein, zwei riesenlange Menschen, die in der Körpergröße zu den niedrigen Wohnungen am Stangenhof eigentlich nicht passten. Wohl aber vom Milieu her, denn sie hielten wenig von Arbeit, aber viel von kleinen Unterstützungen und Beihilfen. Die Nachbarn gingen ihnen immer möglichst weit aus dem Wege, weil die Rehbeins auch stets ein lieblicher Duft als besondere Kennmarke umschwebte. Die Verstandesgaben waren dagegen etwas zu kurz geraten. Kein Wunder, dass die Jugend sie gern hänselte und »veräppelte«. Doch wehe, wenn Herr Rehbein mal einen solchen Bösewicht zu fassen bekam. Der kriegte dann »ordentlich welche aus der Armenkasse«!

Beim Familienkaffeeklatsch wird allzu gern in Erinnerungen gekramt. Und alte Späße bieten auch heute wieder Anlass, nochmals herzlich darüber zu lachen. Das macht jeder Oma Freude, und ihr selbst fällt dann dazu auch wieder vieles ein.

Die damals Ende 1890 gebauten Häuser sind typisch für diese Zeit, so mit Treppe, Veranda und Balkon vor dem Haus. Im Sommer konnte man da immer so schön sitzen.

Später, in der Jungmädchenzeit, saß man dort mit Freundinnen und Nachbarn zusammen und sang Volkslieder und Wanderlieder zur Laute und Gitarre. »Wir konnten noch singen!«, sagt Oma stolz. »Aber ihr?« Das so genannte »soziale Gefälle« ist ein ganz neuer Gesellschaftsbegriff. Damals sah man höchstenfalls so »etwas von oben herab« auf die »kleinen Leute«, wenn sie nicht im »Bremer Haus« wohnten, sondern aus den älteren Gängevierteln kamen. Wenn so'n Bödel aus dem »Pidelmannsgang« stammte und dann noch ein wenig rotznasig war, rief man ihn »Schnottenpiekser«. Und gerade jene Lauser und Butjer wussten sich im »Straßenklopp« wohl durchzusetzen. Auch darüber gibt es Geschichten. Ein harter Schädel kann viel aushalten, denn »he hett nen Waterkopp ober steiht em good!«

Oma hat damals nachmittags bei einer Familie die »Kinder gehütet«. Das brachte zwei Mark die Woche ein. Einmal kam sie eilig nach Hause geflitzt, »un se harr dat schnubendruck«. Hin zum Klo, die zwei Mark noch in der Hand – und die fielen prompt hinein. Da musste Opa helfen. Er hat wohl oder übel den Eimer im Garten ausleeren und für direkte Düngung sorgen müssen – doch er fand die zwei Mark wieder. Die waren blitzeblank.

Die im Buntentorsbereich vor der Jahrhundertwende so in den 1890er Jahren erbauten Reihenhäuser sind zwar dem vornehmeren Parkviertel nicht ebenbürtig, aber dennoch in Stil und Grundriss ebenso dem »Bremer Haus« zuzurechnen. Es gibt da sehr liebevoll und einfallsreich gestaltete Fassaden. Der Kellerzugang führt durch das »Souterrain« und geht durch bis zum Hof Die Raumaufteilung ist genau wie in der Etage darüber. Die halbgeschossige Außentreppe endet auf der Veranda. Die Wohnetage liegt im »Hochparterre«, man muss also hinaufsteigen. Der lange Flur führt von der Pitchpine-Eingangstür (mit Anschlagglocke) direkt nach hintendurch zur Küche mit anschließendem kleinen Balkon. Auf der einen Seite liegen Stube und Kammer, dazwischen die halbdunkle Mittelkammer. Auf der anderen Seite führt die Treppe (mit gedrechselten Geländerstützen) frei hinauf zur ausgebauten Mansarde mit »Badezimmer«, Mansardenraum und Trockenboden.

Das Klo war früher auf dem Hof »hintenheraus«, und »Jan Schiet« holte regelmäßig die »duftenden Goldeimer« ab. Später hat man das Örtchen als WC im Haus installiert. Hier ist es hinter einem Holzverschlag gleich neben dem Eingang und gegenüber der Treppe installiert worden und sieht fast wie eine Kasperbude aus.

Vor dem Ersten Weltkrieg – und auch noch in den ersten Jahren danach – war es üblich, den Hausbrand für den Küchenherd als handgestochenen Schwarztorf korbweise zu kaufen, wenn der Torfbauer durch die Straßen gezogen kam und seine Ware lauthals mit »Backtorf – Backtorf!« ankündigte. – Gerade hatte er den leeren Korb wieder beim Wagen abgesetzt, um einmal kurz verschnaufen zu können, als sein Pferd dem Wagen einen unerwarteten Schubs gab, mit dem Erfolg, dass Janbuur

»Backtorf – Backtorf!«

umfiel und mit seinem Achtersten direkt im Korb landete. Nur Kopf, Arme und Beine ragten heraus. Ein urkomisches Bild. Die Deern vorm Haus musste jedenfalls fürchterlich lachen und konnte Mutters Belehrung gar nicht verstehen, dass das überhaupt nicht lächerlich war. Und dann erst das Spektakel, bis man ihn wieder aus dem Korb befreit hatte: »Hest du noch nie' n Mann in'n Törfkorw sehn?«

In den zwanziger Jahren hat eine Bettenfirma am Buntentor eine neue Bettfederreinigungsmaschine aufgestellt, die dann über ein obendran befindliches Blasrohr die Federn gleich in das angebundene Inlett hineinpustete. Mutter und Tochter gingen hin, um das aufgearbeitete Kopfkissen wieder abzuholen. Ihnen wurde die neueste technische Errungenschaft sogleich vorgeführt. Doch, Tücke des Objekts, der Halteriemen um das Füllrohr war nicht fest genug angezogen. Erst füllte sich das Inlett und »machte dicke Backen«. Dann ging es »wupps« – und die ganze weiße Federherrlichkeit war viel schöner, als Frau Holles Märchen es überhaupt hätte erahnen lassen. Die Deern ist mit lautem Gelächter und mit vielen Federn dekoriert aus dem Laden gestürmt.

Als man noch mit der Pferdedroschke fuhr

Zur Beerdigung von Frau S., die hochbetagt vondannen ging, war die Trauergemeinde auf dem Buntentorsfriedhof versammelt und schaute nach dem Pastor, der wirklich auf sich warten ließ. Endlich – mit Verspätung – kam er »mit fliegendem Talar« an und begann nach kurzer Verschnaufpause sogleich mit der Trauerfeier.

Meist hörte man dabei ohnedies nur mit halbem Ohr hin, aber seine Stimme war nun einmal nicht zu überhören. Doch als es dann an die Lebensschilderung der Verblichenen ging und der Pastor mit Vehemenz vortrug, »wie gut wir uns alle an ihn erinnern, wie er da oben auf dem Kutschbock saß und mit der Peitsche knallte ...«, war zuerst betretenes Schweigen.

Schließlich stand einer auf, zog ihn am Talar und sagte zu ihm, wer da wirklich zu beerdigen war. – »Ja, ich habe mich ein bisschen verspätet aber bis zum Waller Friedhof ist es nun mal ein weiter Weg!« – »Hier ist aber Buntentor!« Das hören und mit wehendem Rockschoß wieder ab zum Droschkenkutscher war eins.

Die Buntentorstrauerfeier musste jedenfalls nachgeholt werden.

Der Sprung übers Grab

Mit den Angehörigen war vom Pastor ausführlich besprochen worden, was er in seiner Trauerrede nun alles erwähnen möge. Heini Wagschal verabschiedet sich, bleibt dann in der Tür stehen und »druckst rum«. – »Na, was ist denn nun noch?« – »Ach, Herr Paster, könnten Sie uns denn noch den großen Gefallen tun und auch bei uns nachher über den Sarg springen?« – Erstauntes Schweigen; bis der Herr Pastor daran erinnert wurde, wie es im Jahr vorher bei einer Aussegnung am Grabe auf dem Buntentorsfriedhof war. Er hatte auf dem Sandhaufen neben der Gruft gestanden und sich wohl zu lebhaft bewegt. Jedenfalls rutschte ihm förmlich der Boden unter den Füßen weg. Er konnte sich vor dem vorzeitigen Abgang in die Kuhle nur durch einen spontanen Satz auf die andere Seite retten. Das war von der andächtigen Trauergemeinde als eine sehr eindrucksvolle Beisetzungszeremonie empfunden worden, die wohl nur zu ganz besonderen Anlässen anzuwenden sei. Warum hier nicht auch?

Christliche Nächstenliebe

Wohl verständlich, dass zur Aufbesserung des mageren Pastorenhaushaltes auch ein geistlicher Vertreter sich eine Anzahl von Hühnern hielt. In der knappen Zeit des Ersten Weltkrieges machten Hühnerdiebe vor dem Stall eines Seelenhirten ebenfalls nicht halt. Ob er in seiner christlichen Nächstenliebe wohl Verständnis für diesen Frevel aufbringen könnte, wussten sie wohl selbst nicht so ganz genau. Sicherheitshalber hatten sie ihm aber eine plausible Erklärung auf einem Zettel als Tatbeweis an die Stall tür gebackt:

»Lieber Pastor Tiefenthal,
der Liebe Gott ist überall,
nur nicht in Deinem Hühnerstall!«

Er soll ob der ihm entgangenen Gaumenfreuden dabei ganz unchristlich geflucht haben, denn auch Pastoren sind nicht frei von menschlichen Schwächen.

Der Bremer »Aal-Onkel«

Als Original gegolten zu haben, ist meist eine nachträgliche oder sehr verspätete Ehrung. Zu Lebzeiten haftet der Originalität häufig – und meist unberechtigterweise – etwas Skurriles an. Dennoch: Es gibt im Leben durchaus originelle Charaktere, und die sind dann auch stolz darauf, sich ihre Sonderstellung so lange bewahrt und erhalten zu haben.

Das sind die »echten Urtypen«. Ein solches Urbild bremischer Eigenart war Hans Hurrelmann: tagenbar, roggenrein und waschecht.

Wer den nicht kennt, dem sei gesagt: *Dat is de Bremer »Aal-Onkel« wesen!* Er war immer zu dummen Schnäcken aufgelegt, immer fidel, immer auf Achse, in keiner Weise in minutiöse Regelmäßigkeit eingebunden und doch »von regelmäßiger Wiederkehr«: »Den kannst achtern rutsmieten, de drängelt sick vörn woller ran – beweglich wie ein Aal.« Und Aale waren sein Milieu!

Sein eigenes Alter war wie bei jedem Original undefinierbar, darin war er »echte Dauerware«. Seine eigene Ware dagegen, die er humorvoll feilbot, war »allerfeinste Frischware«. Allerhand konnte er vertragen, man konnte mit ihm flachsen und ihn »anflaumen«; nur über seine Ware durfte man echt nichts sagen, dann konnte er fix vergrellt werden.

Doch nach der Qualität befragt, pflegte er die Aale sauber auszubreiten, brach dann einen an der Schlachtnaht am Bauch auf und sagte: »De mutt fien rosa un knackig sien as de Bost von ne junge Deern. Must di de Fingers no slicken!«

So ist er jahrzehntelang durch die Büros der Innenstadt gezogen: Man wartete schon auf ihn. Das erste, was man dann von ihm erblickte, war der Kopf mit Schiffermütze, so eben durch die Tür geschoben. Und dann die Frage: »Hett all Geld geben?« – Prompt kam er dann herein, über dem Arm den viereckigen Henkelkorb, zugedeckt mit einem sauberen Geschirrtuch, weiß und rot kariert.

Angefasst wurde die Ware nur mit einem Stück Papier und auf glattem Pergamentpapier präsentiert. Bloß handeln ließ er mit sich nicht, das schafften nur ganz Ausgekochte oder gute Freunde.

Zur Personenbeschreibung gehörte noch die blaue Marinejacke und der unvermeidliche Regenschirm – wegen des Bremer Schmuddelwetters. Zuweilen wurde die Schiffermütze durch eine Pudelmütze ersetzt, die ihm genauso gut stand.

Seine besondere Stärke oder Schwäche war das persönliche Engagement, immer und bei jeder Gelegenheit für die Deutsche Gesellschaft zur Rettung Schiffbrüchiger zu sammeln. Das Schiffchen war an seinem Stand immer zu finden. Und wenn er Geburtstag hatte, gab er einen Schnaps aus, den man dann per Obolus ins Schiffchen zu bezahlen hatte. – Kann man sich direkt ein Beispiel dran nehmen.

Norddeutsches Land

Viele Menschen stellen Fragen
nach dem schönsten Teil der Welt.
Müsste ich was dazu sagen,
wo's am besten mir gefällt,
braucht ich mich nicht lang besinnen,
ob es Nord, Süd, Ost und West,
kann der Bindung nicht entrinnen:
Diese Landschaft hält mich fest!

Schlanke Birken stehn am Wege,
Röhricht säumt den Uferrand,
und der Glocken Stundenschläge
klingen mahnend übers Land.
Fohlen springen auf der Weide;
weit hinaus erstreckt sich flach
braunes Moor und rote Heide,
grünes Feld am stillen Bach.

Kann in Träume mich verlieren,
gebe sie den Wolken mit,
und der Vögel Jubilieren
ist mit mir auf Schritt und Tritt.
Sieh, der Sonne goldne Strahlen
spiegeln sich im Morgentau;
doch auch Nebelschwaden malen
Spukgestalten grau in grau.

Raben krächzen, Möwen schreien,
Eichen knarren hart im Wind;
das sind Laute, die im Freien
doch so wohlvertraut uns sind.
Will nicht in die Ferne streben,
denn Geborgenheit gibr's hier.
Lang in dieser Heimat leben
brennt als stiller Wunsch in mir.

Norddütsch Land un Moderspraak

Us norddütsch Land is Waterkant,
is Marsch un Geest, is Moor un Heid;
dat is wo över Küst un Land
de meerste Tied de Nordwind weiht.

De Sassen weern een strietbar Reeg,
de Liekedeeler leewden daar;
de Stedinger verloorn eern Kreeg,
Ossfreesen sind heel wunnerbar.

Heil dir, oh Ollnborg!, klingt dat luud,
de Bremer holln torüch sick wat;
doch alltohop mit lieke Snuut
snackt all de Lüüd een deftig Platt!

Denn wat een Minsch op hochdütsch seggt,
dat is oftiens nich antohörn.
Wenn een mol överkrüüz sick leggt
op platt, denn schall di dat nich störn!

»Scheiße!« auf hochdeutsch darf nicht sein.
Op platt klingt sowat wiss nich slecht:
»So'n Schiet!« kann Leeget noch verzeihn,
dann klingt sogar »du Mors!« noch echt!

Du bruukst di gor nich trüch to holln,
snack strackwies so as't in di reegt:
Denn is dat so as use Olln
sick wünschden, dat ehr Spraak wi plegt!

Am Knick

Zum norddeutschen Landschaftsbild gehören als Besonderheit und zugleich als typisches Merkmal »Knicks«. Das sind die Feldbegrenzungen und Wegraine, die sich als dichte Hecken aus Bäumen, Strauchwerk und Gebüsch durch die Felder hinziehen und dem Wind einen beruhigenden Einhalt gebieten.

Wer am Knick ruhig lauscht,
der kann hören, wie's rauscht,
was da zirpt, eifrig summt,
zärtlich wispert und brummt,
wie es säuselt und quiekt,
sachte raschelt und fiept,
rufend pfeift, fröhlich singt,
leiser Lockruf erklingt,
wo es schnäbelt und surrt,
heimlich schnurret und surrt –
dort steht stille die Zeit,
und der Himmel ist weit.

Veel Arbeit

De Söhn mag geern mol weeten, wat sien Vadder so in sien Büro allns to dohn hett. Un so draff he denn ok mol mitfohrn. He hett sick vörnohmen, datt he ornlich veel frogen wull. Ober dat keem denn ganz anners: Dat Gebimmel von dat Telefon ritt nich af un hett den Olen jümmers woller aflenkt. Wenn't mol ruhig weer, denn keem een rinklabastert un harr veel to frogen. De Tied lööp man so weg. Een »Sitzung« weer ok all ansett. De Jung keem gor nich to Wort un weer ann Enn ganz verbiestert.

He meende, as se nah Huus fohrden: »Segg mol, Vadder, büst du den ganzen Dag blots ann Sabbeln oder deihst du ok mal wat?« – De Ol hett ganz benaut keeken un em nich woller mitnohmen.

Een plietschen Jung

Sitt dor so'n lütten Bödel ganz alleen inne Strotenbohn. He will nah sien Oma hen. Ünner de Nees hang em een dicken Neesdruppel. Mokt em ober nix.

Denn kummt dor so'n öller Mannsbild rin, sett sick op den Plats güntsied un frogd den Jung:

»Hest denn keen Daschendook?« –

»Na klor«, antert de Lütte, »man ick schall nix an frömde Lüd utlehnen, hett mien Mudder jümmers seggt! Must di alleen helpen!« –

De Ol hett sick woanners hensett un blots grummelt: »Nee, wat'n Schnottenpiekser!«

Stratenklopp – Nei em!

Jungs mutt sick af un to mol wamsen, schon alleen dorum, dat se ok weet, weer nu de Gitsche anföhrn un dat Seggen hebben schall. In de School weer denn dörseggt: »Vondaag is Stratenklopp, Abbendoor wamst sick mit Dovendoor!« –

Klor, dat se all dor weern. Dormols güng dat ober noch op ne sportliche Ort to un nich mit so'n gefährlik Warktüg as hütgendags. Se harrn sick Schillers ut Botterfattdeckelns mokt, un se kempen mit holten Sobels. Dat däh blots weh, wenn dor een wecke mit afkreeg. Hauptsok weer de Radau, un dat Krachtmeeten fing mit ornlich Schimpen an: »Kiek eens, hett doch nen Waterkopp, ober steiht em good! – Bang büst woll nich, ober lopen schallst glieks liern!«

Antern denn de annern: »Ji Smachtlappen un Bangbüx, ji Boxenschieter un Knickstebels, ji Peerossen un Klammerapen!« – Dat kunn de anner Siet sick doch nich gefalln laten: »Haut se, haut se, immer in die Schnauze, haut se mit vergnögden Sinn immer in die Schnauze rin!« Dat weer denn dat Signal, un mit »Nei em!« güng de Balgerei los. To Enn weert erst, wenn een Siet wirklich dat Lopen kregen harr. Doch se wüssen all vörher, wo se sick achteran woller to dreepen harrn, denn se mussen doch ok noch »Kriegsrat« holln för dat neeste Mol gegen een anner Rebeet.

Un kiek alltied in de Sünn!

Söchst du di mol wat to' n Slickern,
weer't wiss good wenn du se hettst,
laat von'n Bremer di verkliekern:
»Bremer Kluten«, de sind best!
Fohlst du inne Kehl so'n Brennen
un hest denn keen Medizin,
bruukst nich nah den Dokter rennen:
schuuw nen »Babbeleer« fix rin!

Söte Melk is för de Kinner,
Bottermelk is för de Swien;
Water suupen Peer un Rinner,
doch de Minsch kreegt Beer un Wien!
Strammer Grog passt alletieden,
Koffie weckt di jichtens op;
will wecke Lüüde mit di strieden,
giff jem eenfach Plören-Zopp!

Sniert elkeen di blöde Fratzen,
kumm von dat nich glieks in Raasch;
hau em fors mit diene Tatzen
'n Mettooge in sien Visaasch!
Wenn mol Hexen di beluern,
dat schall dienen Droom nich störn;
draffst di sülbens nich beduern
un op Geisterspuk nich hörn!

Wat de annern Lüüde snacken,
dat ficht di doch gor nich an;
sitt een Quälgeist di in'n Nacken,
segg, he is een Hampelmann!
Denn mit Grienen un mit Smustern
schaffst du di veel frohe Stünn,
musst op leewe Stimmen lustern,
un kiek alltied in de Sünn!

Die Sprache des Hafens

Was ist die Sprache des Hafens wirklich? Gibt es sie überhaupt? – Ja. Eine eigenartige Mischung aus Hochdeutsch und Platt, missingsch vermengt und gesprochen, und dabei bunt durchwoben mit Bordausdrücken und falsch aufgeschnappten Fremdsprachenbrocken, zumeist englisch, und und …

Über Seemannsbräuche und Seefahrtbegriffe gibt es schon umfangreiche Abhandlungen. Die brauchen hier nicht wiederholt und erläutert zu werden. Um das Besondere des Hafens soll es gehen, um die dort arbeitenden Menschen und ihre Gewohnheiten. Natürlich müssen dabei manche Wörter verständlich »übersetzt« werden, damit Quittjes und Bickbeernschweizer (das sind Auswärtige, Zugereiste und Hafenbesucher) sie auch verstehen können.

In diesem Sinne soll hier über das Hafengeschehen und über die Hafenarbeit geplaudert werden. Seemannslatein gibt es massenhaft, aber Hafenlatein beileibe nicht!

»Du, Heini, hör mol to!« – das klingt vertraut. Wenn aber einer sagt: »Sie Heini, Sie! …«, dann wird das als echte Beleidigung empfunden. Es kommt eben doch auf Tonart und Zungenschlag an. Ist einer jünger als man selbst, muss er sich gefallen lassen, als Schnösel, Schnodder oder Jungkierl angesprochen zu werden.

Dass Vornamen abgewandelt werden, gehört zum Alltag und zum Zusammenleben der Menschen. Nichts Besonderes ist es, wenn daraus auf »i« endende Kurzformen werden. Das ist überall so, wo deutsch gesprochen wird. Außerdem erfahren die Namen besondere Abwandlungen als Fietje, Tetje, Ottchen, Ludjen, Hannes, Kuddel, Kalle, Manne, Piet, Wolle, Schorse, Dschonnie, Köbes, Jochen, Steffen, Jupp, Klaas, Hinnerk, Krischan usw ….

»Ökelnamen« sind Spitznamen. Sie entstehen durch persönliche Eigenheiten oder besondere Arbeitspraktiken, wie z.B. »Hein Umstau« für einen besonders umständlichen Vorarbeiter, oder als Namenskombination wie »Tauben-Kalli« oder »Kaninken-Schmitt«, die Fegselsammler mit dem »Zampelbüdel«. Ebenso treffend ist auch »Hein Veerkant«, der Schwerfällige, oder »Heini Kömnees«, der ewig Durstige.

So wird es weitergehen über die verschiedenen Hafentätigkeiten. Wenn einer meint: »Hein, schuuw du man de Karr, du hest all'n krummen Puckel!«, dann will er eigentlich nur für gleichmäßige Verteilung sorgen, sich aber keinesfalls selbst drücken. Höchstens mal eben verdrücken, also »kurz verholen für Smoketime«. Das ist die Zigarettenpause mit dem Glimmstengel unter vorgehaltener Hand, weil bei der Hafenarbeit, im Schuppen und in den Laderäumen der Schiffe sowie an Deck das Rauchen verboten ist.

Es heißt im Hafen nicht »der Kai«, sondern »die Kaje«. Ladung per Kran anheben heißt »Hiev up!« und das Absetzen »Fier weg!« Und wenn der Stropp (das die Last umschlingende Seil) nicht glatt angeschlagen ist oder Bruchfehler aufweist, »is dor een Kink in«. Das sagt man ebenso zu einer Sache, die nicht ganz astrein ist. Zur Pause »mokt wi fofftein«, und dann »gifft Anbiet«, wobei der dabei verzehrte Wurstzipfel ebenso Tampen heißt wie sonst ein Ende Tauwerk. Das aufgesammelte Abfallholz wird für das Mitnehmen zum »Holz-Hasen« gebündelt.

Wer weiß schon, was im Hafen »Speckaale« sind? – Das ist gegen Korrosion eingefettetes Langeisen in Bunden. Und »Keuls« (englisch coils) ist Bandstahl in Rollen von oft erheblichem Stückgewicht. Kollo ist eigentlich nur ein Packstück, und Kolli sind mehrere. Doch für den Stauer ist jedes Stück »ein Kolli«. Besonders große und schwere Exemplare sind »ein Dobbass«.

Mit dem Stauhaken angepickt

»Fünf Finger sind der beste Bootshaken«, sagt der alte Seemann. Nur nimmt der Schauermann lieber den Stauhaken zur Hand, wenn er Kisten oder Säcke »anpicken« muss. Doch darf er dabei weder sich selbst noch die Ladung beschädigen.

»Jan Schuurmann« oder eben einfach als Berufsstand »Schuurmann« ist der typische Hafenarbeiter als Stauereiarbeiter, den man an Bord, am Kai und im Schuppen findet. (Schuppen ist sinnverwandt mit »Schauer« und »Scheune«.) In Hamburg gibt es noch einen besonderen Begriff für die Schuppen- und Speicherarbeiter: Es sind die »Spiekerlüd« oder als einzelner der »Spiekermann »(eben von Spieker = Speicher).

Am Lukenrand oder an Deck steht der »Wahrschaumann »und winkt den Kran zum Fieren (Absetzen) oder Hieven (Anheben) ein. Hat mit dem Städtenamen Warschau nichts zu tun, sondern kommt von »wahrnehmen und schauen« und ebenso von »wahr di un schau« (aufpassen). Er wird auch »Decksmann« genannt – im Gegensatz zum Decksmann (ungelernter Seemann ohne Matrosenlehre) in der Bordbesatzung. Die Verständigung mit der Gang unten und dem Kranführer oben erfolgt durch festgelegte Winkzeichen mit besonderer Finger- und Handhaltung, denn Zurufe würden bei dem ständigen Arbeitsgeräusch und wegen der Höhe des Krans ohnehin nicht durchkommen. Meist hat er dabei noch ein Stück Holz oder eine zusammengefaltete Zeitung in der Hand. Er »winkt dann mit dem Paddel«.

Der »Viez« oder »Vize« ist der Vorarbeiter. Er erhält einen tariflichen Eingruppierungszuschlag, den man deshalb »Vizengeld« nennt. Eingesetzt wird er als Lukenvize = Gangvorarbeiter oder als Dampfervize = Schiffsvorarbeiter über mehrere Gänge bzw. der Schuppenviez als Vormann von Landgängen.

Gang ist die Arbeitsgruppe mehrerer Arbeiter, die zusammen eine Hiev (Kranladung) bearbeiten, sprich: die Gäng.

Es gibt aber noch besondere Gangarten, nicht als Arbeitsgeschwindigkeit, sondern wirklich als Sondergänge, nämlich die »Schietgäng« zum Aufräumen und Unrat abfahren, die »Laschgäng« zum Festlaschen der Ladung an Deck oder im Raum und die im Hafen überall wenig beliebte »Swatte Gäng«. Das sind die in schwarzen Overalls zur Schiffs- und Ladungsüberprüfung eingesetzten Zöllner, die nach Konterbande (Schmuggelgut) fahnden.

Die Hafenarbeiter werden, wenn sie zu den »ständig unständig Beschäftigten« gehören, aber auch die zur Tagesarbeit vermittelten Aushilfsarbeiter, täglich neu zur Arbeit eingeteilt = vermittelt. Die dafür tätige Verteilerstelle heißt sinnigerweise »Schaapstall«, weil sie dort zusammengedrängt stehen und auf Aufruf warten. Gearbeitet wird in Schichten, im Wechselsystem. Früher (vor 1914), als die tägliche Arbeitszuteilung noch zu den Glücksfällen gerechnet wurde und noch keine Verteilungsorganisation wie heute bestand, waren sie »de Lüd anne Eck«, die der Willkür freier Arbeitsvermittler ausgeliefert waren.

Allen im Hafen Arbeitenden ist eigen, dass sie »nach'n Haben gehn«, zum Hafen gehen, und dass sie »in'n Haben arbeiten«, am Hafen beschäftigt sind. Ihre Arbeit dort ist kein Job, sondern ist »Baantje« oder »Boontje« , den sie mit Stolz ausüben, manchmal schon in nachfolgender Generation und Familienfolge.

Üble Nachrede gibt es manchmal auch, wie ein Kalenderspruch besagt: Die Männer mit den Stauermützen sich an die Hafenmauer stützen, denn immer, wenn ein Stauer soff, wurde ihm knapp der Sauerstoff.

In der »Meisterbude«, dem Schuppenleiterbüro, liegen die Papiere aus für die Beladung bzw. Entlöschung des Schiffes, das im Hafen immer noch »de Damper« heißt. Sie zu sortieren und richtig einzuordnen ist Aufgabe des »Budenschreibers«. Das ist der Büroangestellte im Schuppen oder eben einfach der Schuppenschreiber. Im Hafen gilt auch der als zugehörig im Gegensatz zu dem suspekten Büroangestellten an Land, der als »Kantorknüppel mit Gipsverband« (wegen des weißen Kragens) angesehen wird.

De »Fastmokers« sind der besondere Berufsstand der Schiffsbefestiger, denen es obliegt, mit den Festmacheleinen das Schiff am vorbestimmten Liegeplatz »anzubinden«, d.h. mit den Leinen »am Poller zu belegen«. Darüber hinaus sorgen sie auch noch mietweise für transportable Gangways (Landgangsstege), wenn das Schiff keinen eigenen geeigneten Steg hat. Sie müssen zum Losmachen bei der Abfahrt wieder da sein.

Andere typische Hafenberufe sind: Wäger – zum Verwiegen einzelner Kollo oder ganzer Partien; Küper und Küfer – gelernte Fachkräfte zur Produktenbehandlung wie Wolle, Baumwolle, Tabak, Kaffee und Wein; Kornumstecher, die zur Entlöschung von Getreideladung benötigt werden; Staplerfahrer – in der motorisierten Nachfolge der früheren Sackkarre; Liftvanfahrer, die hoch oben auf den »Giraffen« sitzen, den hochbeinigen Transporthubwagen für das Verfahren von Containern; Kranfahrer, die beim Einschwenken der Hievs viel »Fingerspitzengefühl« zeigen müssen; Lascher – zum Ladungsfestmachen, meist ausgeübt von gelernten »Timmerlüd« (Zimmerleuten), die auch als »Holtbuck« oder »Holtwurm« fungieren.

»Seilmoker« oder »Takelmann« ist der Segelmacher, Seiler und Takler, der das Tauwerk bearbeitet, daraus Stropps (Anschlagseile) herstellt, Taklings oder Augen als Endbefestigungen oder Anschlagösen einspleißt und der sonst alles macht, was zur Be- und Verarbeitung von Tau- und Drahtwerk sowie Segeltuch und Persenning gehört. Sein Handwerkszeug sind u.a. Schiemannsgarn und Segelgarn, Segelhandschuh, Marlspieker. »Un is de Spleiss ok noch so good, he murt doch rullt weer'n mit den Foot!«, ist sein Wahlspruch.

Der »Kalfakter« ist der sprichwörtliche »Schietenkleier« und gehört zum Reinigungspersonal. Er sorgt für Sauberkeit. Nicht zu verwechseln mit der Tätigkeit des Kalfaterns, dem Dichten der Fugen des Holzbelags an Deck und der Holzbeplankung der Boote mittels Werg und Teer.

Der »Tallymann« hat zu prüfen, messen, zählen, übt also jegliche Form von Kontrollarbeit aus. Wehe, wenn er sich verzählt hat! Er ist Gütermesser und Ladungskontrolleur. Früher hob er sich von anderen Dienstleistern im Hafen dadurch ab, dass er einen original englischen »Bowler« trug, den man im Hafen »Bonschenkocher«, »Kugelgießer« und »Börsenstahlhelm« nannte.

»Quartiersmann« (Quartersmann) ist der Speicherbesitzer oder Lagerhalter, in dessen Quartier das unabgefertigte Zollgut ein- oder zwischengelagert wird und auch eine erste Sortierung/ Bearbeitung erfährt.

Die Lieferanten gehören ebenso zum Hafenbild. Dies sind:

- »de Specksnieders«, die Fleisch und Proviant bringen,
- »de Schippschendler« = shipchandler für Schiffsausrüstung,
- »de Isenhöker« mit Eisenwaren und Geschirr sowie Geräten,
- »de Chinamann« (Scheinahmann) für die Bordwäsche (weil früher dafür ein chinesischer Wäscher an Bord gefahren wurde),
- »de Plünnenhöker«, der Textilien liefert und Uniformen anmisst,
- »de Klamotten-Heini« (keinesfalls mit dem Lumpensammler zu verwechseln) ,
- »de Watermann«, der per Schlauchverbindung von der Kaje her das Schiff mit Frischwasser versorgt,
- »de Beerkutscher« mit der Bierlast und den leichten Getränken.

Noch zu nennen wären

- »de Fleutenheini«, der Rangierer der Hafenbahn mit der Trillerpfeife, »de Slickschuber«, das ist der Ewerführer oder Barkassenfahrer,
- »de Dwarslöper« (eigentlich niederdeutsch für Taschenkrebs), und das ist der Verbandsfunktionär (Gewerkschaftssekretär), der als »Hafenläufer« die Schiffsbesatzungen besucht.

Ein alter Seemannsspruch besagt zwar: Du schallst slapen, wenn du doot bist, du schallst eeten, wenn du an Land bist, du schallst arbeiten, wenn du an Bord bist.

Doch nach getaner Arbeit schmeckt ein kräftiger Schluck besonders gut. Dazu trifft man sich gleich vorm Tor an der nächsten »Piesel« oder »Köminsel«, der typischen Hafenkneipe. Dort gibt es die gepflegte »lüttje Lage«, das ist Bier und Köm, und darum heißt der Hafenwirt auch wohl »Lütt- un Lütt-Weert«.

Die Kollegen untereinander sind, wenn sie auf platt miteinander verkehren, allesamt gute Kumpel: »Makkers« , »Kanuten« oder »Knuten«. Und ihr Herr und Meister ist »de Baas«, »Boos« oder »Boss«. Bloß der direkte Vorgesetzte, der Inspektor, der die Arbeit einteilt und kontrolliert, ist – vor allem, wenn er aus den eigenen Reihen emporstieg – »de Annere«, der sich erst einmal Respekt verschaffen muss.

Die Arbeitskleidung ist hafenpraktisch und bordgerecht, entweder als »Bremerjack« (blaues Hemd – ähnlich dem bekannten Friesenhemd), als »Troyer« (Strickpullover mit Rollkragen), als »Blaumann« (entweder blaue Tuchjacke, aber auch blauer Overall) und schließlich als »Ostfriesennerz« (gelbe Öljacke). Nicht zu vergessen die typische blaue Schirmmütze oder die Ballonmütze, auch »Wolkenschieber« genannt.

»Hei lücht!«

Hafenbesucher sind verständlicherweise neugierig. Wenn sie Fragen stellen, die zu unbedarft klingen, dann kommt unweigerlich auf die dumme Frage eine noch dösigere Antwort. Überhaupt werden Besucher nach Aussehen und Gehabe sehr schnell charakterisiert und mit treffenden Bezeichnungen belegt.

Dass ne »Deern« ein junges Mädchen ist, dürfte hinlänglich bekannt sein. Sie wird aber auch als »Deidei« oder »Deidsche« benannt. Ist sie besonders schnuckelig geraten, dann wird sie zur »seuten Poppedeidei«. Der sie begleitende junge Mann kommt sicherlich nicht so gut weg, denn er wird zum »Schneidjefidel« oder, wenn er durch arrogante Art nicht gefällt, zum »Ganneff«. Ist er nicht ganz so helle, ist er zumindest ein »Fent« oder ein »doofer Fant«. (Beides kommt ursächlich vom französischen enfant.)

Ein Bursche, sofern er noch nicht zum Jungenalter zählt, wäre typisch bremisch ein »Butjer«. Die noch ganz kleine Schwester ist ein »Grasmieger«, und die Kinder insgesamt sind eben »Gören«. Gören sind auch »Kroppzeug« oder »Krabben«.

Die über das Normalmaß aufgeputzte Dame ist ein »Froensminsch« oder, wenn's noch schlimmer wird, eine »optokelt Fregatt« (wie ein heranrauschendes Segelschiff), und der Mann dazu wäre als »Mannsminsch« wegen seiner Fragen sicherlich ein »neeswiesen Quittje«. Quittjes sind überhaupt alle Menschen, die von weiter herkommen, als der südliche Sichtbereich Bremens ausmacht.

Sehr empfindlich reagiert man auf unzufriedene Typen. Das sind wahre »Quengelbüdel« oder »Quesenbüdel« (Quese ist eine Blase, und die unqualifizierte Sprechweise ist wie blasenweises Blubbern). Die einfachere Form dessen ist immer noch der »Quakkopp«. Ist einer jedoch in seiner Wesensart etwas drängelig veranlagt, dann ist er ein »Schubbsmors«. Und wer negativ eingestuft wird, ist ein »Fiesling«, vielleicht sogar ein widerlicher »Fiesepampel«, im Unterschied zum »Miesling«, der genau wie der »Miesepeter« alles pessimistisch sieht. Dafür ist aber der allzu Optimistische auf jeden Fall ein »Spinner« oder bei etwas weniger im Kopf ein »leewen Dösbaddel«.

Ein Neugieriger, der zuviel fragt, ist »Jan Neeschier«, weil der »mehr fragt als die Polizei erlaubt«. Auf platt heißt das: »De frogt di een Lock in'n Mors.« Es gibt aber auch notorische Schwätzer, die zu allem ihren Senf meinen hinzugeben zu müssen, das sind dann die »Snackewats«. Und wenn sie allzu kluge Reden führen, kann man sie nur noch als »Klogschieter« titulieren, zumindest aber ist er »een Sabbel«.

Sind doch »seute Poppedeideis«

Das körperliche Gepräge wird gekennzeichnet als »Langspleiß« für das lang aufgeschossene Männlein; denn ein Spleiß ist die Tauwerksverflechtung, wenn zwei Tauenden zur Verlängerung ineinander gearbeitet werden. Im Gegensatz dazu muss der Kurzgeratene sich den Beinamen des »Knotenforz« gefallen lassen, der genauso gut als »Flottenforz« durchgehen könnte. Ganz anders aber wiederum das »Flottenbabi«. Der ist nun gerade nicht klein und wird umgekehrt eingestuft. Es ist der übermäßige Riesenwuchs mit behäbigen und ungelenken Körperbewegungen. Etwas vierschrötig in seiner Art ist der »Lorbass«. Um schließlich noch den notorischen Drückeberger zu nennen, muss der »Puulpup« oder der »Fuuljan« gleichermaßen Erwähnung finden. Dagegen ist eine »Fuulbrass« etwas ganz anderes, nämlich die an der Schiffsreling hängende Müll- und Abfalltonne. Diese ist von besonderer Wichtigkeit, denn im Hafen darf nichts nach außenbords ins Wasser geworfen werden, und auf See sollte das eigentlich auch unterbleiben.

Zu Anfang dieser Betrachtung ist schon einmal etwas über »Schietgäng« gesagt worden. Wenn dann beim Aufklaren der Laderäume mehr Unrat anfällt, muss eben eine »Dreckschute« bestellt werden, das ist die Müllabfuhr auf dem Wasser. Bleiben der Dreck und der ganze Gammel jedoch an Bord, dann muss der Kapitän sich schon gefallen lassen, dass sein Schiff als ein »dreckiger Rattendampfer« angesehen wird. Da helfen auch »Pütz« (Wassereimer) und »Leuwagen« (Schrubber) nicht.

Ein besonders kennzeichnendes Wort, an Bord und im Hafen, ist »whooling« oder »Wuhling«. Es ist das supernervöse Durcheinander, das man in der Flotte auch mit »Tostand« (Zustand) bezeichnet. Ein falsches Wort in solchem Zustand der Gereiztheit hat schon manchem »den Mors vom Poller geputzt«, d.h. sogar den Ruhigsten aus der Fassung gebracht. Das sollte hiermit aber nicht erreicht werden. Wenn auch die Vielzahl der Hafenausdrücke dem Binnenländer zunächst wie Fremdwörter vorkommen müssen, ist doch das hier Gedruckte die reine Wahrheit. Denn »lögenhaft Vertellen« ist doch schon fast so etwas wie eine üble Nachrede.

Damit zum Wiederfinden des einzelnen Hafen-Fachwortes nicht wieder der ganze Beitrag nachgelesen werden muss, befindet sich am Schluss dieses Buches eine alphabetische Reihenfolge als »Hafenlexikon für Anfänger und Fortgeschrittene«.

Die Schiffbauer

Wenn es so weit war, dass auf einem Segelschiff der Großmast eingesetzt wurde, dann legte man in der Höhlung der Mastspur ein blankes Goldstück hinein, dorthin also, wo der Fuß des Mastes ruhen sollte. Tief unter der Wasserlinie im Herzen des Bodengebälks ruhte dann der Goldfuchs, behütet vom gewaltigen Druck des Mastes und von jenen unbekannten Mächten, die keiner je sah und die doch so mancher Seemann spürte, wenn er in sturmbrausender Nacht das Ruder umklammerte.

Dieser symbolträchtige Brauch wird auch heutzutage noch gepflegt. Jedenfalls wird der »Taler« noch unter dem Mast angebracht. Es wird gleich ’ne Schutzplatte drüberweg geschweißt, damit er nicht »verloren gehen kann«. Leider ist im Laufe der Zeit der früher damit ausgebrachte Spruch verlorengegangen. Dennoch werden auch heute kräftig »Sprüche geklopft«, insbesondere um die Bauleitung dadurch zu veranlassen, für die erforderliche »Schmierung« in Form eines Umtrunks zu sorgen.

Genau so oder ähnlich ist es bei der Kiellegung für einen Neubau. Da kommt dann ein Pfennig auf den Helgen, bevor die erste Kielplatte abgelegt wird. Der Pfennig bleibt aber nicht liegen. Er wird nach Erhalt der damit verbundenen »Befeuchtung« sorgsam geborgen, um dann später beim Stapellauf wieder präsentiert zu werden. Dann muss er von der Bauleitung wieder eingelöst werden.

Ähnlich ist es mit dem Korken der Sektflasche beim Stapellauf Die von der Taufpatin mit Vehemenz geschleuderte Flasche zerbirst in tausend Stücke. Dann aber wird der Korken gesucht, der noch fest im oberen Rest des Flaschenhalses sitzen muss. An der weißen Tafel des anschließenden Festschmauses wird der Taufpatin nochmals die Verantwortlichkeit des Taufaktes optisch vor Augen geführt, indem eine Abordnung der Werftarbeiter den inzwischen wieder aufgefundenen Sektproppen zur Auslösung präsentiert. Meist ist das wertvolle Stück in der Werkstatt schnell mit einer

Kupfer- oder Messingschelle auf eine Holzplatte montiert worden und wird dann wie eine Jagd-Trophäe vorgezeigt. So hat jede Werft sich irgendwelche Bräuche bewahrt.

Nach dem Vorlagen-Beispiel einer Stapellaufrede befragt, mussten wir leider passen. Dafür gibt es keine Norm. Gerade im Eingehen auf die Eigenart eines Schiffsnamens, auf wesentliche Dinge aus dem Reederei- oder Schifffahrtsgeschehen und im Hineinweben eigener Gedanken liegt die jeweilige Einmaligkeit einer Taufrede. Eines gehört jedoch immer dazu, und das Eine sind immer drei:

> »Ich *taufe* dich auf den Namen …«,
> »Ich *wünsche* dir allzeit gute Fahrt und stets mehr als eine Fußbreit Wasser unter dem Kiel« und
> »… Ich *grüße* dich mit dreimal HEPP – HEPP – HEPP – HURRA!«

Aus einer alten Speiserolle

In einem alten Seefahrtsbuch von 1856 fand sich in Artikel 18 der REVIDIERTEN SEEMANNSORDNUNG eine Speiserolle, die heutzutage wahrscheinlich auf Unverständnis stoßen würde: »Art. 18. In Betreff der Speisetaxe gilt folgende Regel: Die tägliche Ration für eine Person soll sein: 1 Pfund gesalzenes Rindfleisch oder 3/4 Pfund Schweinefleisch oder 1/2 Pfund geräucherter Speck und 3/4 Pfund Fisch (doch dürfen Fische nur zweimal die Woche gegeben werden); und 1 Gallon Wasser.

Ist die Mannschaft über zehn Mann stark, so erhält sie zusammen noch eine Extra-Ration; ferner Gemüse, getrocknete Erbsen, Bohnen, Grütze, Graupen oder Mehl zur Sättigung; von Letzterem mindestens zweimal die Woche à 3/4 Pfund per Kopf.

Auch erhält jeder Mann wöchentlich 7 Pfund hartes Weizenbrot und so lange der nach der Dauer der Reise (bei weiten Reisen auf mindestens 6 Monate) einzunehmende Vorrath reicht, 1 Pfund Butter. An die Stelle der Butter kann auch Schmalz oder Baumöl treten (von Letzterem für die Woche 1/2 Bouteille) oder wenn beides fehlt, täglich 1/2 Pfund Fleisch oder 1/4 Pfund Speck mehr.

Ein Jeder der Mannschaft erhält ferner wöchentlich 2 Loth Thee, 10 Loth Kaffee, 14 Loth Zucker und 1 Flasche Essig.

Außerdem ist (von hier ausgehend) für die Mannschaft Bier mitzunehmen, bis 1/4 Oxhoft per Mann; wird kein Bier mehr gegeben, so erhält Jeder statt 10 Loth, 14 Loth Kaffee wöchentlich. In Häfen, wo frisches Fleisch oder frische Fische zu erhalten sind, soll davon wöchentlich wenigstens zweimal gegeben werden …

Es ist Pflicht des Capitains, für guten Proviant und hinlänglichen Vorrath nach Verhältnis der Reise zu sorgen. Desgleichen muss er sich mit einer für die Zahl der Mannschaft genügenden Quantität von Medizin versehen.« Also war nicht nur Rizinus das Allheilmittel!

Der neue Bowler

Zu Freimarkt sitzen in gemütlicher Abendrunde einige Herren des Makler- und Inspektorenstammtisches zusammen, um, wie man sich vorgenommen hat, einmal nicht vom Geschäft zu reden. Jedenfalls nicht nur. Dafür wird heute mal über Reiseerlebnisse geschnackt, und man will wirklich freimarktlich fröhlich sein.

Dieter G. ist gerade von einer Londonreise zurück. »Ich habe mir in England einen echten Bowler gekauft«, verkündet er mit einigem Besitzerstolz. Klar, dass er ihn (als seinem Maklerstand zumindest in früheren Jahrzehnten entsprechendes Berufsmerkmal) doch eigentlich hätte vorweisen sollen. Er lässt sich denn auch nicht lange vergeblich auffordern und holt aus dem nahegelegenen Büro den neu erworbenen »Bonschenkocher«. Der wird dann auch gebührend gewürdigt, und selbstverständlich »stehen ein paar garnierte Runden darauf«. Rundum im Lokal ist Stimmung. Irgendwie hat der neue Bowler dabei wohl anderen Gästen in den Spaß hineingepasst. Jedenfalls war das gute Stück weg, als G. sich spät abends verabschieden wollte. Auch gemeinsames Suchen konnte ihn nicht wieder zutage fördern. Statt dessen hing auf dem Huthaken einsam und verlassen eine verbeulte Papp-Melone. Jetzt war ein echter Grund zum Feiern vorhanden. Dieses Mal mussten die schadenfrohen Stammtischfreunde etliche Runden ausgeben, um über den Verlust hinwegzutrösten.

An der Tiefer

Bis in die dreißiger Jahre hinein wurde an der Tiefer an einer direkt am Strom gelegenen Umschlaganlage gearbeitet. Heute erinnert nur noch die Arkadenreihe am Binnenschiffsliegeplatz daran, dass dort früher einmal eine Schuppenreihe stand, die – kriegszerstört – dem Straßenbau weichen musste. Diese Anlage wurde damals auch von der Bremer Lagerhaus-Gesellschaft betrieben.

Im Binnenschiffsverkehr wurde dort u.a. viel Sackgut umgeschlagen. Solch ein Zuckersack wog – je nach Sorte – immerhin 75 oder 100 kg. Die zu bewegen, dazu gehörte Muskelkraft, und diese Arbeit wirkte somit durchaus muskelbildend. Und das hatte ein »Kahnschipper« wohl nicht genügend bedacht, der sich mit einem der dort tätigen Schuppenarbeiter einmal kräftig anlegte. Zumindest hatte er wohl den Willi für ein Leichtgewicht gehalten. Als dem aber die Frotzelei über das erträgliche Maß hinausging und sie sich so Auge in Auge gegenüberstanden, griff er einmal kräftig mit beiden Händen zu. So schnappte er sich den Frotzelheini an beiden Oberarmen und hob ihn aus seinen Holschen regelrecht heraus. Mit einem kurzen Schwung wurde der Quälgeist direkt durch das Glasfenster der Schuppentür hinaus auf den Flur befördert. Nur die Holschen standen einsam und verlassen dort, und der so »im Direktumschlag Aufgesetzte« machte dabei den Eindruck eines »ziemlich schlappen Sackes«. Dennoch hat es eine Mängelrüge nicht gegeben, denn die Stückzahl der Ladung stimmte ja.

Im »Direktumschlag aufgesetzt« …

Ein glatter Durchschuss

Die Haustür bei der ALL (Atlas Levante-Linie) am Altenwall war eine Glasvolltür aus fingerdickem Spiegelglas. Wie es sich beim Schifffahrtsbüro gehört, prangte hier am Eingang auf den beiden Türflügeln jeweils ein Abbild der Reedereiflagge. Und die waren auch, damit keiner die Glastüren für einen offenen Eingang hielt, beide Male so richtig mittendrauf und in normaler Augenhöhe angebracht.

Ein Seemann hatte es offenbar besonders eilig, mit dem gerade frisch erhaltenen Heuerschein möglichst schnell zum Hafen und auf sein Schiff zu kommen. Jedenfalls musste er mit der Nase wohl genau auf das Flaggenemblem zugelaufen sein und hat die Scheibe dann voll mit der Stirn getroffen. Es hat geklirrt und geschteppert. Der allgemeine Büroschlaf war jäh unterbrochen, und in der Postabfertigung ist dem Max der ganze Briefstoß aus der Hand gefallen. Die Telefonistin hat den Hörer fallengelassen und ganz verdattert zur Tür geschaut. Sie meinte nachher, dass sie Angst vor einem hereinfahrenden Auto gehabt hätte. Und dann war wieder Stille. Ein etwas mehr als kopfgroßes Loch war dort, wo mal das Reedereisymbol zu sehen war. Sonst gab es keinen Sprung im Glas und keinen weiteren Schaden.

Auch dem Jantje selbst war nichts geschehen; keine Beule, kein Kratzer, noch nicht einmal Nasenbluten. Für den neugierigen Beschauer war das Ganze eigentlich unerklärlich, aber immerhin doch sehr bemerkenswert. Darüber war man sich einig: Der muss wie ein Punchingball dagegen geschlagen sein. Jedenfalls hieß er seitdem an Bord und in der Kompanie »Heini mit dem Gummikopp« …

Tschüss, mien Deern!

Der rechte Seemann mag den tränenreichen Abschied im Hafen nicht, vor allem nicht, wenn bei der Abfahrt »so viel Volk auf der Pier steht«. Das alles macht man vorher zu Hause ab. Dennoch gehören ablegende Schiffe und winkende Menschen zum Hafenbild:

Der Jantje hat so eine richtige schnuckelige Braut, so eine rechte Poppedeidei (Zuckerpuppe), die mit allen Mitteln versucht ihm klarzumachen, dass er für sie wirklich der einzige sei. So hat er es einigermaßen schwer, ihr zu erklären, dass wieder ein halbes Jahr Seefahrt doch eine so lange Zeit gar nicht sein kann, bis er wiederkommt.

Mit »Tschüss, mien Deern!« jumpt er an Bord, kurz bevor die Gangway eingeholt wird. Die Luken sind dicht, das Schiff ist seeklar, der Lotse steht schon in der Brückennock. Die »Fastmokers« warten darauf, dass sie loswerfen sollen. Endlich heißt es »Smiet los de Lien!«, und das Ende der Vorleine klatscht ins Wasser. Das Schiff fängt leicht zu zittern an, als die Maschine anspringt. Da überkommt auch die Deern das Zittern, und mit der Beherrschung der abschiedwinkenden »Deidei« ist es vorbei. »Dreimal lang« ertönt der akustische Seemannsgruß aus dem Schiffs-Typhon und ist das endgültige Abfahrtssignal. Ja, nun fließen die Tränen. So meint der danebenstehende Hafenarbeiter, indem er sich an seinen »Makker« wendet: »Sag mal, warum blärrt denn die Deidsche?« (Warum weint das Mädchen denn?) Sie tut ihm ein wenig leid. Und so versucht er, sie zu trösten mit: »Lot em zischen, gifft nen frischen!« – Aber gerade das ist doch nicht nach ihrem Sinn. Na, im nächsten Hafen wird den Liebsten ein liebevoller Luftpostbrief grüßen von seiner Bremer seuten Deern.

Die Story vom verlorengegangenen Steuerrad

Zwischen Schwesterschiffen herrscht üblicherweise ein an sich aufmunterndes Konkurrenzstreben, wenn auch mit erwas Schabernack und Schadenfreude durchsetzt.

Zwei Kompanieschiffe, beide acht Jahre alt und im gleichen Fahrtgebiet eingesetzt, liegen zum ersten Mal im Hafen direkt hintereinander. Auf Schiff »S« findet während des Ladegeschäftes eine Abladerparty statt, und auf Schiff »M« ist normaler Lade- und Wachbetrieb. »S« soll noch am gleichen Abend fahren.

Kurz vor Seeklarmachen entdeckt der 1. Offizier, dass auf der Brücke von »S« das Steuerrad fehlt. Man vermutet den Täter unter den Gästen, die inzwischen das Schiff verlassen haben. Steuerräder sollen angeblich beliebte Souvenirs und begehrenswerte Trophäen für Partykeller sein. Doch bei solcher Gesellschaft, da hat man eigentlich selbst Zweifel. Dennoch. Es erfolgt sofort Meldung an die gastgebende Reederei und an die Wasserschutzpolizei, nachdem die Suche an Bord ergebnislos verlaufen ist. Verständlicherweise erzählt man auf dem Schwesterschiff nichts von diesem Malheur, wohl schon deshalb nicht, weil der Kapitän von »M« jahrelang auf »S« als Kapitän gefahren hat.

Der Kapitän von »M« ist an Land gefahren und hat von der Bordparty auf »S« nichts gewusst, denn sonst hätte er dort gewiss den obligatorischen Höflichkeitsbesuch abgestattet.

Beim Rundgang durch das Schiff entdeckt der Wachhabende ein einsames Steuerrad, das an der Tür des Kapitäns von »M« lehnt. Nur weiß auf »M« noch niemand erwas vom Verlust auf »S«, und man wundert sich. Letztlich sorgt der »Küstenfunk« für richtige Rückkehr durch entsprechende Verbreitung der Nachricht. Nicht aufzuklären ist der Täterkreis. Es gibt keinen wirklich Tatverdächtigen, höchstenfalls nebulöse Vermutungen. Auch über das Tatmotiv tappt man im dunkeln. Mit einem zwinkernden Lächeln wird lediglich kommentiert, was man selbst in ähnlicher Lage getan haben würde, wenn …

Komm mi nich anne Farw!

… soll der alte Bootsmann noch im Traum gesagt haben. Aber das hier war schon fast eine Katastrophe.

Bei der Bremer Vulkan-Werft waren zwei Schwesterschiffe gebaut worden; je eine »German Liberty« für eine Hamburger und für eine Bremer Reederei. Indienststellung des Bremer Schiffes war zur schönsten Sommerzeit. Die Übernahmefahrt (mit Gästen) sollte ab Vegesack erfolgen, denn diese Schiffsgröße war immerhin das Paradepferd beider Reedereien. Es war an Vorbereitungen wirklich alles Erdenkliche getan worden, um den Gästen ein schmuckes Schiff zu präsentieren.

Die Anlieferung der »Stores«, also der gesamten Ausrüstung an Gebrauchs- und Verbrauchsmaterialien, erfolgte einen Tag vorher per Sattelauflieger über den Werftkai. Und der große Werftkran, der sonst nur schwerste Schiffbauteile zu bewegen hat, wurde hier als Stückgutkran eingesetzt. Er schwenkte die vollbeladenen Paletten in schöner Regelmäßigkeit an Deck, wo emsige Hände sich bemühten, alles schnell wegzustauen.

Als die »Farbenlast« an der Reihe war (die Palette schön vollgepackt mit 10-Liter Eimern Decksbiturol, also der schwarzen Teerfarbe für die Decksplanken), musste es natürlich passieren. Durch eine kleine Unaufmerksamkeit – ob beim Kranführer oder beim Wahrschaumann, ließ sich nachher nicht feststellen – tickte die Palette mit einer Ecke irgendwo an. Die Last schwankte, und der ganze Segen kam im wahrsten Sinne des Wortes von oben. Die Eimer schlugen auf die Reling und platzten auf. Ein paar Meter breit ergoss sich ein schwarzer Farbenstrom über die im noch frischen Grau erglänzende Bordwand. Jedenfalls herrschte an Bord und bei der Werft anschließend jene bekannte Situation, die man bei der Marine und in der Flotte allgemein schlichtweg mit »Tostand« (Zustand) kennzeichnet. Das dabei Gesagte ist nicht wiederholbar! – Aber was half es! Bis zum anderen Morgen waren schließlich immerhin noch fast 20 Stunden Zeit. Und die Werft machte das schier Unmögliche wahr: Mit »Einsatz aller Kräfte« wurde die schwarze Brühe mittels Verdünnung abgewaschen und die Schadstelle dann sauber trockengewischt. (Eingeweihte wissen, wie schwer das ist, eine Stelle sauber zu malen, an der vorher Teer gesessen hat, weil Teer die Farben auflöst.) – Die »Pinsel-Gang« musste nochmals ran. Sie hat bis spät in den Abend hinein eifrigst »gemalen«. So haben die Gäste am anderen Morgen nichts gemerkt und wollten die Story über dieses Ereignis schon als Seemannslatein abtun. Sie glaubten es wirklich erst, als man ihnen beim Betreten des Schiffes wohlmeinend sagte: »Komm mi nich anne Farw!«

Immer wieder dieser Johnny!

Johann hieß er und war ein echter Pusdorfer Jung, kam also vom linken Weserufer, aus Woltmershausen. Pusdorf soll dieser Ortsteil darum heißen, weil dort immer der Wind von der Weser her steht, es eben stetig pustet. Johnny hatte es schon von kleinauf an das Wasser gezogen, und er kannte sich am Weserufer genau so gut aus wie nachher im Hafen. Zur Seefahrt zu kommen, das hat er nicht geschafft. Aber durch die kaufmännische Lehre in einem Schiffsausrüstungsbetrieb erfüllte sich für ihn »auf naheliegende Weise« doch der Wunschtraum von Schiff und Hafen.

So sei es erlaubt, nur ein paar seiner vielen Erlebnisse nachzuerzählen, so wie wir uns früher mit ihm beim »Vertellen« darüber »duchtig högen« konnten. Wenn er so über das ganze Gesicht lachte, dann stellte er die großen Ohren immer »querab in Segelstellung« und konnte ganz erstaunt dreinblicken, wenn man ihm seine »Stories« nicht glauben wollte.

Trotz mancher kriegsbedingter Schwierigkeiten war es für ihn dennoch eine sonnige Lehrzeit, die er teils im Büro direkt an der Weser und teils im Hafenspeicher oder sonst im Hafen verbrachte. Überall musste er seine neugierige Nase hineinstecken.

So fand er eines Tages im Speicher auf dem obersten Lagerboden ein kleines granatenförmiges Gebilde, dessen Geheimnis ihn von Tag zu Tag mehr reizte. Er wusste natürlich (noch) nicht, dass es eine für Echolot-Messungen einzusetzende Wurfpatrone war. Immer wieder nahm er das Ding in die Hand, bis ihn schließlich »der Hafer stach« und er eines Tages die kleine Granate »so einmal probehalber« im Speicher über das Geländer den Treppenschacht hinunterplumpsen ließ. Das Ergebnis erinnert an Wilhelm Busch: »… wumms da ging die Pfeife los – Überraschung riesengroß …« – Es hat gerummst und gescheppert, eine Tür und ein paar Scheiben waren herausgeflogen, ein gerade in jenen Kriegstagen nicht ungewöhnlicher Anblick. Nur konnte sich keiner erklären, was das wohl gewesen war, so ganz ohne Fliegeralarm.

Der gute Johnny hat sich erst einmal verkrochen und wurde den ganzen Tag nicht mehr gesehen. Im Büro hat er nachher hochheilig versichert, die ganze Zeit an Bord eines zu beliefernden Schiffes gewesen zu sein, wo die Abfertigung so irrsinnig lange dauerte. Und wegen der Sommerhitze sah man ihm den roten Kopf gar nicht an.

Dann fand er bei anderer Gelegenheit ein paar wegen des Verfalldatums ausgesonderte Seenotlichter. Als »plietschen Jung« wusste er auch damit etwas anzufangen. Also erst einmal seitwärts reserviert und für die nächste Silvester-Knallerei zurechtgelegt. So ganz sicher war er sich aber doch wohl nicht, wie so ein Ding nun an Land wirklich leuchtet. Also hat er es in der Silvesternacht vorsichtshalber in einem abseitigen Trümmergrundstück zur Entzündung gebracht.

Das hat geleuchtet und gequalmt, dass es eine wahre Freude war. Die Feuerwehr hat sich aber keinen Reim darauf machen können. Und Johnny saß mit seinen Freunden in der sicheren Deckung eines abgelegenen Kellerniederganges. Aber nochmals wollte er sich nicht wieder daranwagen. In den ersten Zeiten nach Kriegsende gab es immer noch abendliche Sperrzeiten, die jedenfalls in der Innenstadt schon beachtet werden mussten. Somit konnte bei spätabendlichem Einlaufen eines Schiffes der »Shipchandler« zur Bestellannahme manchmal nicht mehr an Bord gehen, um nicht Gefahr zu laufen, nachher im Hafen festzuhängen. – Johnny war vom Rablinghauser Deich aus schwimmen gegangen und spaddelte bei heller Mondscheinbeleuchtung munter in der Weser. Von einem gerade zum Europahafen einlaufenden kleinen Küstenfrachter fragte man zu ihm herunter, ob man ihm irgendwie helfen könne. »Jo, lot mi man an Bord!« Er witterte seine Chance, kletterte hoch und gab sich vom Berufsstand her zu erkennen. Einen nur mit Badehose bekleideten schwimmenden Schiffshändler, das hatte man noch nicht erlebt. Und das schier Unglaubliche gelang: Der Kapitän war ein verständnisvoller Spaßvogel und erteilte mündlich seinen Auftrag. Er wollte wohl selbst einmal sehen, was daraus werden sollte. Johnny hüpfte fröhlich wieder von Bord und schwamm über die Weser zurück. Nur am nächsten Morgen herrschte überall Unglauben über solches Geschehen. Johnny stellte wie gewohnt die Ohren auf Segelstellung und sorgte selbst für das Zusammenpacken »seines« Auftrages. Der wurde dann ordnungsgemäß ausgeführt. Wenn das keine Pusdorfer Findigkeit ist, notfalls auch in der Badehose »auf Akquisition« zu gehen?

Johnny »auf Akquisition«

Einmal hatte er sich an Bord »beim Beklönen festgeschnackt«, nachdem die Ausrüstungslieferung so gerade vorm Auslaufen noch geklappt hatte. So war er nicht dahintergekommen, dass seine Kollegen schon von Bord gegangen waren. Die hatten geglaubt, er wäre schon vorweg runter. Ihm selbst war es nicht aufgegangen, dass der Russendampfer schon abgelegt hatte. Die Schlepper zogen schon hafenauswärts. Durch das Anspringen der Maschine, als das Schiff zu rütteln anfing, wurde Johnny plötzlich munter und wetzte hinaus an Deck. Die an Bord wollten ihn gewiss nicht mitnehmen, sondern hatten einfach ihren Spaß an dem lustigen Gesellen gefunden. Jetzt aber »hatte er Muffe«. Das Schiff war ja schon fast an der »Akschen« (A.G. »Weser«) vorbei. Er hat gepfiffen und gewunken und so lauthals gebölkt, bis man auf einem der Schlepper, der gerade ausslippen wollte, auf ihn aufmerksam wurde.

So kam der Schlepper nochmals längsseits, um Johnny in wahrhaft letzter Minute von Bord zu helfen. Sonst hätte er wohl bis zum Lotsenwechsel vor Bremerhaven mitfahren müssen. Fortan hat Johnny darauf gesehen, immer rechtzeitig von Bord zu kommen, auch wenn man mit einem weiblichen Schiffsoffizier noch so gut hat plaudern können.

Schippern mit' n Windjammer: »Hol dör de Lose!«

Elkeen vun us Crew hett siek all de Nomens vun de wichtigsten Seils markt un ok all mol studeert, wat för Knüttens dat gifft. Ok wo de Liens un de Reeps heeten. Nu steihst dorvör – un weetst schier nix mehr. Käppen un Stüürmann sind ober gedullige Lehrmeesters, un se wiest jümmer woller op de rechte Steh. Un wenn keeneen tokiekt, denn steiht een an'ne Siet un öwt, woans Knüttens mokt weern.

»Smiet los de Lien!« weer dat eerste echte Manöver, un denn heet dat ok glieks »Alle Wachen an Deck!«

Wat is nu een Windjammer – worüm heet de so? Dat kummt ut de engelsche Spraak: »Jam« heet, dat se sik ünner Vulltüüch hard langs den Wind henquetschen mussen. Von disse Knokenplackeree is in dütsch dann jammern wurrn. Överall inne Welt heet de Clipper nu ok »Windjammer«. Un de Singsang op so'n Schipp weern de »Shanties«. Dat weern Leeders bi de Arbeit, dat se dor nich ut' n Takt keemen.

Jedenfalls hebbt wi dat schafft, all de Plünnen in korte Tied hoch to kriegen un »tight« to stelln. Drafst nich frogen, wo. De Seils stunnen prall in'nen Wind, un dat Schipp nehm Fohrt up. Mechtig stolt weern wi. Doch dat Schicksol meen dat anners. Grad in dat Rebeet um de Inseln sleit de Wind upstunns woller um, krüselt or slopt ok mol ganz in. Denn kriegt de Seils dat grote Flattern, un all Hannen mutt tolangen, dat Tüch woller intoholn. Dorbi fung de Kassen ok noch an to rulln. Wat Wunner, dat elkeen dat grate Speien öwerkeem. Schad um de scheunen Steaks vunmiddag!

Wenn't to'n eersten Mol heet: »Besanschot an!«, mutt de Käppen de Mannschapp een Buddel wiesen – un utgeewen. De geiht denn rundum. Ober nich vergeeten drafst dorbi, ok een Mundvull nah butenburds to speen: »Neptun mutt ok een hebben!«

Wenn de Aflösung kummt, dann heet dat »Gode Wach« – un »Gode Ruh!«, un de Rudergast mutt wedderholn, wat för'n Kurs an'n Kumpass anliggen deiht.

Good Eeten un Drinken gifft ne goode Verdauung. Dor hett een'n ornlichen Aap afseilt, un de plumpst nu dör dat Schietrohr nah butenburds. »Heini, dor hest ober nich den rechten Smack an kreegen. Süh, de Fisch wullt gor nich bieten!«

»Hiev up Anker!« is op so'n Fohrtüg keen Motorarbeit, nee, dat is reinste Knokenplackeree an de grote Dübbel-Kurbel mit een poor Mann togliek. Wenn »veer Schäkel Kedd stohn«, denn heet dat, bold een half Stünn duchtig to liern no den Motto: »… mit gemeinsamem Fleiße hol'n wir den Anker aus … dem Grund«. – De Sperriegel an de Winsch klickert dorbi as de Hammer vun den Galeerenmeester vör tweedusend Johrn. Wi hebbt sweet as de Aapen!

Klor, dat de Käppen weeten wull, wat sien Schipp lopen deiht. Log heet dat, womit meeten ward. Doch wenn keen Propeller-Log dor is, denn mutt dat mit de Stoppuhr mokt weern: Een Mann smitt vörn nen leddigen Buddel öwer Burd, un de Stüürmann nimmt mit de Stoppuhr de Tied, bit de Buddel achtern an em vörbiswömmt. Vun een Tabell kann he denn de akkrate Geschwindigkeit aflesen. Doch Piet weet dat noch veel beeter: »Ne Logge nehmen« is, wenn de Käppen nen Buddel rutrückt.

»Den mokt wi denn leddig un smiet em butenburds. So kann de Käppen sehn, wo fix wi sind!« –

Traditschon hört to dat Lewen op een Seilschipp – eerst recht up een Windjammer. Dor ward noch »glost« tominst to' n Wachwessel un to de halve Wach. Meent een, as he sick to Wach meldt: »Herr Kapitän, Sie haben geläutet?«

Wenn sik de Windjammers dräpen, heet dat jümmers »Operation Sail«. So ok körtens woller in Kiel un Bremerhoben. Vun een fröhern Johr hangt een holten Schild in de Mess. So frogt de lütte Jan: »Segg mol, wo is denn nu de 'Operationssaal', den heff ik narens funnen!«

Woter sporn is een Selbstverständlichkeit up en Seilschipp. Un wat de Körperpflege anlangt, so geew dat frischet Mineralwoter in Literbuddels to'n Tähnputzen un ok to'n Drinken. Ganz gründliche Lüd nehmen to'n Halswaschen ober glieks Beer un mokten dat als innwennige Wäsch, dormit nix passeeren konn. Vörsicht mutt nu mol sin!

Op de Achterbank an Backburdsied sünd flinke Hannen dorrmit beschäftigt, dat Gröntüg för't Middageeten to putzen un kleen to snien. So in Vorbigohn seggt Hermann: »Musst ok ornlich kleen moken, so lütte Würfels, denn kannst dat beeter woller utspeien, un denn smeckt dat bi' n tweeden Dörgang jümmer noch!« – De musst denn ober'n Satz moken, dat he wegkeem. De Wuddel hett he doch noch annen Dötz kreegen.

Doch schall ik ok noch een poor Wöör seggen, wo een sülms tomoot is, wenn een op eensam Wach an Deck steiht: Veer spitze Vörseils staht as dunkle Placken hoch to' n Heben. Ganz baben is dat schillig Band vun Milljonen Sterns in de Melkstraten. Vörut hangt de blanke Sichel vun' n Mond, de jüst öwer dat Enn vun'n Klüverboom steiht. Sien Luchten mokt dat Fohrwoter glitzern, as mit so'n Muster, unnerbroken dör dat Gitterwark vun't Klüvernett. De Blick nah baben wiest op »rot öwer greun«, dat sünd de Schienfatts ünner de Spitz vun'n Mast. Se geewt 'n blassen Schien op dat Grot-Seil. Dat is Seefohrt, so as een sick dat vull Romantik vörstellt – un wenn een dat ok so sehn will. Dorbi Dodenstille, un doch nich still, denn af un an knattern de Seils un knarrn de Liens. Dat Woter gluckert liesen blang de Burdwand. – Nah Backburdsied steiht de Grote Bär un de Nordstern an'n Nachtheben. – En Nacht to'n Drömen un to'n Nahdenken. En Sternschnupp zischt vorbi. – Hest du di eben wat wunscht? An weeneen hest du dacht?

Dat letzte grote Seilmanöver is dohn. All Tüch is runner holt un inbunnen. All Tampen sind ornlich opschoten un an de Koffinails beleggt. Dat Deck is blank un rein. Ünner Deck is allerwegens oprümt, dat Schipp is opklart to'n Inlopen. Dat Logbook is schrewen, un de »Maschinees« hett ok sien Berichten mokt.

Jo, de Reis is to Enn.

Is just Abendtied, as wi vörn Hoben sind. Vun den Torn vun dat Marine-Kommando rummst de Böllerschuss to'n Sünnenunnergang. Dat is ole Seemanns-Traditschon un heet, de Flagg dalholn.

Blifft blots de Wunsch an us godet Schipp:

»Alltied gode Fohrt, moijen Wind un Sünn in de Seils!«

Das Schaukelpferd

Willem hat in den so genannten »schlechten Jahren« mit Hilfe von Getreidefegsel aus dem Hafen so manches Schwein fett gemacht, das dann auf verschwiegene Weise geschlachtet und zum Wohle seiner Familie verwurstet wurde. Natürlich war solches den lieben Kollegen wohl bekannt, und es war auch Anlass zu manchem Schabernack.

Als er dann Anfang der fünfziger Jahre zum Großvater gemacht worden war, hat er dafür tüchtig einen ausgeben müssen. Sie versprachen ihm aber, dann für den erstgeborenen Enkelsohn ein schönes Schaukelpferd anzufertigen. Das Holz war schon bald »organisiert«, doch die Ausführung ließ auf sich warten. Er wurde immer wieder vertröstet. Mal war die Zeichnung nicht recht gelungen, dann gab es die richtigen Zubehörteile nicht, auch fehlte es an der passenden Farbe – und und.

Schließlich war das Werk dann doch gelungen. Man hatte es so richtig spannend gemacht und sich schon im Vorwege bei ihm wegen der ungewöhnlichen Größe entschuldigt. »Tsieh, Willi, dor hest nu dien Peerd!« – natürlich gegen entsprechend »Sluck un Beer«. Und dieser Schluck war auf die Überraschung sehr vonnöten, denn in der Werkstattecke ganz hinten stand – ein buntbemaltes Schaukel-Schwein!

Der Enkelsohn hat aber viel Spaß damit gehabt, ebenso die ihm nachfolgenden Geschwister. Sie alle hatten eben wirklich »Schwein von kleinauf an«. Und wer hat das sonst denn schon?

Statt Pferd ein Schaukel-Schwein

Die Barkasse ist weg

Mit MS »Ariadne« ging die Reederei dazu über, die Schiffe mit Deck-Kränen statt mit Ladebäumen auszustatten. Und wen reizte es damals nicht, die Dinger mal auszuprobieren?

Am Tag vor der Übergabeprobefahrt lag der Neubau gut vertäut im Fischereihafen in Bremerhaven. Einige Interessierte hatten sich schon an Bord eingefunden und es auch geschafft, den gefüllten Kühlschrank ausfindig zu machen, ihn zu öffnen und sich mit Flüssigem zu bedienen. Auf Routinefahrt durch den Hafen war mit der Dienstbarkasse der überall in Bremerhaven gut bekannte B. unterwegs. Das neue Schiff veranlasste ihn, etwas näher ranzufahren. Nach kurzem »Rees« über die Bordwand hinweg machte er die Barkasse längsseits fest und enterte über das Fallreep an Bord. Für einen exquisiten Umtrunk war auch er stets zu haben. Doch dann kam die Überraschung, und unter allen Flüchen langer Seemannszeit stellte er fest: Die Barkasse war weg! Nur ein loser Tampen baumelte da noch!

Also war Suchen die Parole der Stunde. Mit einem beim Pförtner entliehenen Fahrrad wollte er gerade los, als sich die Werftleute oben an der Reling vor Lachen kaum noch halten konnten: »Na, komm man wieder raufl« hieß es. Und dort fand er »sein« Schiff wohlbehalten im Laderaum der »Ariadne« wieder. Der Bordkran hatte seinen Test bestanden.

»Fofftein« mit twei Buddel Bier

Die halbstündige Frühstückspause in der Schicht heißt im Hafen seit eh und je »fofftein« (weil es früher mal nur 15 Minuten waren).

Die Sonne hat den Männern in der Luke wieder mal so recht auf den Buckel gebrannt.

Kurz vor der Pause bat Fidi: »Heini, wenn du zum Schuppen rüber gehst, bring mir doch auch 'nen Buddel Bier mit!« – Klar, dass Heini dem Kollegen den Gefallen tut. Doch dann kommt Heini mit nur einer Flasche zurück, die er genüsslich leert.

Und als Fidi dann fordert: »Nun lang mal mien Buddel her!«, meint Heini in seiner trockenen Art: »Beim Runterspringen vom Schuppenperron bin ich ausgerutscht, und dabei ist ausgerechnet deine Flasche kaputt gegangen. Prost!« Da wurde Fidi ausgesprochen vergrellt …

»Holz-Hase« mit geheimnisvollem Inhalt

In den schlechten Jahren zwischen Kriegsende und Währungsreform war die amerikanische Zigarette gewissermaßen die heimliche zweite Währung. Man rechnete in Tauscheinheiten. Sie zu ergattern, war zumindest im Hafen mit einigen Tricks schon möglich. Aber das Hinausmogeln?

Weil man sich während der Schicht Abfallholz zu handlichen Brennholzbündeln zusammengeschlagen und zu Paketen zusammengeschnürt hatte, führte fast jeder einen »Holz-Hasen« achtern auf dem Fahrrad-Gepäckträger mit. Doch am Hafentor stand außer dem Zöllner auch ein amerikanischer Posten. Und gerade der sollte mit sicherem Blick herausfinden, ob einer etwas mitgenommen hatte, was eigentlich zum Nachschub der Besatzungssoldaten gehörte. So griff er denn zum vereinfachten Verfahren, jedem sein Bündel einfach abzunehmen. Die stapelten sich in der Wachstube.

Der ablösende Posten musste sich aber wohl über den störenden Holzhaufen geärgert haben. Das Gedränge am Tor gab ihm Gelegenheit, schnell für Ordnung zu sorgen. Jedenfalls musste bei ihm jeder Hafenarbeiter hereinkommen und ein Bündel mitnehmen, bis der Haufen ganz abgeräumt war.

Johnny bekam auch einen »Hasen« zugewiesen. Na, er zog damit los, wenn er sich auch wunderte, wie leicht sich das Paket anfühlte. Zu Hause überkam ihn dann das große Staunen. Mittendrin steckten säuberlich eingebunden ein paar Originalstangen amerikanischer Zigaretten. – Und er hatte doch selbst soviel Angst ausgestanden, ob man bei ihm die zwei Packungen finden würde, die er in seiner großen Fahrradlampe anstelle der Batterien eingesetzt hatte.

Mit dem Zampelbüdel

Erfindungsreich waren die im Hafen Beschäftigten allesamt, wenn es in jener Zeit des »Organisierens« darum ging, den »Zollmöpsen« ein Schnippchen zu schlagen und auch die als Wachpersonal herumlaufenden Aufpasser zu überlisten. Man hatte förmlich ein Gespür dafür, welch nahrhaften Inhalt so eine Kiste in sich barg.

Das ging dann immer sehr schnell. Der Posten wurde durch irgendeinen Spektakel abgelenkt. Währenddessen wurde am gegenseitigen Schuppenende eine Kiste einmal kräftig über eine Ecke aufgestoßen, dass sie auseinanderplatzen musste. Mit flinken Händen war der Inhalt ganz fix weggegrabbelt. Und die Kistenbretter rutschten über die Perronkante hinunter, wo sie dann nachher als Abfallholz wieder aufgesammelt wurden. Der Posten war meistens bei so viel Kumpel-Zusammenhalt ohne Chance, einmal einen Täter zu greifen.

Man musste sich halt immer wieder andere Tricks einfallen lassen, um mit dem mühsam »an Land gezogenen Gut« heil durch die Kontrollen zu kommen. Und es gab damals wohl kaum eine Importware, die nicht begehrt gewesen wäre, insbesondere natürlich die Dinge aus dem amerikanischen Truppennachschub. Nur durfte man als Endverbraucher nicht so ganz genau wissen, wie der »Transport am Mann« tatsächlich ausgesehen hat.

Eipulver und Milchpulver wurden dabei in flache Beutel umgefüllt, die direkt um den Körper gebunden wurden. Ein noch besserer Dreh war es, doppelte Hemden zu tragen. Sie wurden dann – nach Einfüllen des pulvrigen »Stuff« – am Handgelenk, unter und über dem Ellenbogen und am Oberarm abgebunden. Beim Abtasten waren das sehr nachgiebige Polster, die unter dem Overall ohnehin nicht sichtbar waren.

Auf gleiche Weise wurde auch »sliced bacon«, also in dünne und lange Scheiben geschnittener gestreifter Speck, nach der Dosenleerung eingepackt und herausgeschafft. – Nur bei einer ganzen

Speckseite half einzig und allein die Frechheit oder eine schlagfertige Antwort. Auf die Frage des Zöllners, ob man etwas bei sich mitführe, meinte der im Hafengeschehen Erfahrene: »Nur die Speckseite vor meinem Bauch!« Und hatte wahrlich nicht gelogen. – »Na, denn lass dir die man schmecken!« – So ging es ab durchs Tor.

Die von der Frauenwelt begehrten Sanitätspackungen, Wattepakete und Damenbinden mussten sich ebenfalls gefallen lassen, zunächst einmal »am Mann« getragen zu werden und zur Auspolsterung ausgemergelter Hafenarbeiter beizutragen.

Bei den wenigen zu jener Zeit bei Hafenfirmen beschäftigten weiblichen Personen hätte der Zoll ohnedies seine liebe Not mit einer Körperkontrolle gehabt, weil es damals keine weiblichen Kontrollbeamten gab. Man musste es also bei deutlichen Fragen bewenden lassen. Ein Glanzstück leistete sich dabei die wohlbeleibte Olga. Sie hatte sich einen »Zampelbüdel« voll Rohkaffee unter den Rock gebunden, und der baumelte nun zwischen den Beinen im Schritt. Wegen ihrer natürlichen Körperfülle war die beschwerliche Gangart noch nicht einmal auffällig. Nur als sie sich bücken musste, um ein eben gerissenes Schnürband wieder zu verknoten, da lachte der Hafen ob des nun sichtbar werdenden »Zampels«. Zu ihrem Glück hatte sie das Tor schon passiert, da konnte auch der Grenzer nur noch herzlich lachen, und alle amüsierten sich köstlich über ihren grandiosen Einfall. Nur war es mit dieser Transportart dann vorbei.

In einem anderen Fall gab es ein ebenso großes Erstaunen. Nach erfolgter Zollkontrolle, die nichts zutage gebracht hatte, legte sich ein Hafenarbeiter auf seinem Rad plötzlich sehr kräftig in die Pedalen, so, als ob er es besonders eilig habe, nach getaner Arbeit nun schnell nach Hause zu kommen. »Hey, what's that?« war das einzige, was der überraschte amerikanisehe Posten sagen konnte, als wie von Geisterhand gezogen ein kleiner Rollwagen an ihm vorbeiratterte, mit guten Sachen gefüllt ins Dunkel entschwindend. Die Lösung des Rätsels, das für so wundersame Überraschung gesorgt hatte, war einzig und allein ein sehr langes Seil, das Fahrrad und Rollwagen miteinander verband und bei der Kontrolle gar nicht aufgefallen war.

Mit dem »Zampelbüdel«

Eine überaus wichtige Frage war während der Arbeitszeit, wie und wo man sein kleines Beutegut bis Schichtende verbergen sollte. Da aber boten Trümmerecken und Schuttberge beste Verstecke. So wurden Konservendosen ganz einfach in Sandhaufen eingegraben. Was für ein Pech aber, wenn das ein anderes missgünstiges Auge gesehen hatte! Da ist manchem Makker durch vorzeitiges Hervorholen ein Streich gespielt worden. Das gab dann verdutzte Gesichter und durchaus unchristliche Flüche. Schwieriger war es schon, flüssige Ware aus dem Hafen herauszuschaffen. Ein Trick war, einen oder auch mehrere Feuerlöscher stramm mit Wein zu füllen, um sie dann zur Kontrolle und zum Auffüllen »zum Kundendienst zu bringen«, denn regelmäßige Wartung musste doch sein. Dieser Trick hat einige Zeit lang gut funktioniert, solange man ständig die Tore wechselte und nicht nur an einer Stelle aus dem Hafen herausstrebte. Doch irgendwann ist diese Transportart dann auch mal »geplatzt«.

Schließlich sei noch ein Witz wiederholt, den man sich zu jener Zeit erzählte: Ein Pastor hat einen Hafenbesuch unternommen. Beim Rückweg zum Tor bemerkte er, wie zwei junge Damen aufgeregt miteinander tuschelten und offenbar doch nicht so ganz sicher waren, ob sie mit unverfänglichem Gesicht den mitgeführten Kaffee aus dem Hafen mogeln könnten. Nach kurzer Beratung verwickelten sie den Herrn Pastor in ein Gespräch und beichteten ihm, worum es ging: Er habe doch soviel Platz unter seinem Talar! – Na, er wolle es versuchen, aber lügen – nein, lügen käme nicht in Frage.

So ging es nun einzig darum, die unausbleibliche Frage des Zöllners richtig zu beantworten. Und das gelang mit: »Mein Kopf gehört der Kirche, mein Herz gehört dem Herrn, und was ich unter dem Talar habe, gehört den beiden Damen!« – Der Grenzer lachte herzlich und ließ das seltsame Dreigespann unangefochten passieren. Die Frage blieb offen, ob der Pastor wenigstens einen guten Kaffee mit den Damen hat trinken dürfen.

Weddersehn bi' n Kumpanitreff: »Segg mol, wo weer dat denn?«

»Hol dör de Lose!« un »Hol fast de Lien!«
dat fallt di nächtens woll in'n Droom noch in,
steihst in Gedanken wedder mol op Brüch
un wünschst de olen Tieden di torüch.

Egol op't Dickschipp orrer Kümo weer,
an Deck röök dat nah Tran, nah Smeer un Teer;
von baben her daar brennde heet de Sünn,
un flinke Stormvogels weern diene Frünn.

Wenn eers mol »Vull vörut!« de Hebel steiht,
wenn vörn as Gösch de Bremer Speckflagg weiht,
dat Schipp sick krachtig gegen Seegang stemmt,
dann seggt de Seemann: »Dat's mien Element!«

Kummt he nah Huus, dann kunn he wat vertelln
von rugen Wind un ok von hooge Welln;
de Tied in' n Haben weer man meist to kort,
»sick blots noch wunnern!«, dat is Seemannsort.

De Smutje dröppt nich jümmers den Gesmack,
bringt oftiens wunnerlichet op de Back;
daar staunt sogor ok de Klabautermann,
wat' n Kook ut Bilgenwoter zaubern kann.

Innen »Keller« ünnen flucht de Maschinist,
wienert sien »Lieschen« bit se glänzend is,
doch is sien Stimmung dann restlos in dutt,
wenn he op See mol'n Kolben trecken mutt.

Wo veel de Jantje bi de Arbeit stöhnt:
Wenn Rost kloppt is, dann ward unbannig pöönt!
Un all dat Messing ward gor däglich putzt,
ofwoll dat eegentlich doch gor nix nutzt.

Bi Swatte, Geele, Bruune sind ji ween,
un seltsom främde Lanne hebbt ji sehn
blots as een kunterbuntet »Crew-Gemix«,
as »Billigflagg«, is dat för' n Sailor nix!

»Hol Oogen op, un sorg fär kloren Kurs,
sunst suupst du af un bist ganz fors in'n Mors!«
In fröger Tieden harr he' n Snack bihand:
»Iek weet, de besten Seelüüd wohnt an Land!«

Un as de Afscheedsreis to Ennen wier,
steiht as »Fastmoker« Muddern an de Pier
un knütt de Lien denn an'n Gaarn-Poller fast,
seggt nu to em of refft ward orrer brasst.

De Wohnstuuv-Smuck dat is een Glasen-Klock
un sleit to recht Tied för'n stieven Grog;
denn kummt so mennicheen Erinnern hoch:
»Seefohrt deiht not!« – de Sprook gült jümmers noch!

An' n Stammdisch ward heel deftig räsonneert,
wat in de Fahrntstied alles so passeert;
nah Opsneen steiht een Jantje nich de Snuut
he smückt blots de Geschicht lütt beeten ut!

Wat se vertelln is alles wisslich wahr,
man blots de Reeder weer wat sunnerbar;
de »Lüüd an Land« weeten daar nix von af,
doch Seelüüd, de sind jümmers leew un brav!
(Denkste!)

Hafenlexikon für Anfänger und Fortgeschrittene

Die Anregung zu diesem Lexikon besonderer Art kam direkt aus dem Hafen. Einer der dort tätigen Schuppenarbeiter war der (berechtigten) Meinung, dass es wirklich an der Zeit sei, festzuhalten, wie im Hafen geschnackt wird. In unserer schnellebigen Zeit werden laufend soviel neue (und fremdsprachliche) Begriffe geprägt, dass die alte Hafensprache dabei immer mehr ins Vergessen gerät. Darum hier eine kleine Auswahl von Hafenausdrücken, zum Nachschlagen aufgezeichnet. Als unterhaltsame »Fachsprache« gedacht für Vergessliche und Neugierige, für Unwissende und Schlaumeier, für Besserwisser und auch für Quittjes und Bickbeernschweizer. Dabei wird bewusst auf die Wiedergabe reiner Seefahrtsausdrücke und Bordbegriffe verzichtet, die ohnedies in einschlägiger Schifffahrtsliteratur erläutert werden und fast ein eigenes Sprachgebiet darstellen.

Aale/Speckaale sind im Bündel verladene Rohre, die zum Schutz vor Korrosionsschäden stark eingeölt sind.

Abfall, der sich als Streu aus undichtem Sackgut am Boden sammelt und zusammengefegt wird, ist »Fegsel«, Getreide- und Hülsenfruchtfegsel war seinerzeit eine beliebte Mitnahme für die häusliche Tauben-, Geflügel- und Kleintierzucht. Besonders beliebt in der kargen Nachkriegszeit war der Rohkaffeefegsel, der im Hausbrand zur wohlschmeckenden »Hafenmischung« wurde.

Ahoi ist kein echtes Seemannswort und auch kein wirklicher Hafenruf, ist jedoch in diesem Sinne in Schlagern und Kreuzworträtseln nicht auszurotten.

Alter Hafen ist für altgediente Hafenarbeiter immer der Europahafen gewesen, weil ihre Väter dort schon tätig waren, und der

Überseehafen, der 1981 gerade 75 Jahre alt wurde, eben bei ihnen als Neuer Hafen galt.

Ameisen sind kleine Elektro-Gabelhubwagen zum Bewegen von Ladungsstücken und werden eingesetzt, wenn für Gabelstapler nicht genügend Bewegungsfreiheit gegeben ist.

Anbiet als kurze Essenspause (zum »Anbeißen« und nicht als Angebot im Sinne von »Anbieten«). Wenn die Zeit langt, geht man dazu in die »Anbiet-Halle«, wo es auch Getränke und einen kleinen Imbiss zu kaufen gibt.

Andecken/Aufdecken der Schiffs-Ladeluken gehört normalerweise zur Arbeit der Schiffsbesatzung. Andecken = damit die Besatzung »seeklar« machen, d.h. das Auslaufen vorbereiten kann. Aufdecken = damit die Stauer »lade-löschklar« zu arbeiten beginnen können.

»De Annere« – so wird der vorgesetzte Inspektor oder Schuppenmeister angekündigt, wenn er zur unrechten Zeit aufkreuzt und nicht unbedingt alles sehen soll.

Anpicken/Anschlagen. »Anpicken« der Ladung heißt das Einhängen der Kranhieve an den Kranhaken. Dazu werden Anschlagseile oder Anschlagketten benötigt, die wiederum in Anschlagösen oder Anschlagaugen enden zum Einklinken des Anschlaghakens/ Kranhakens.

Aufschießen muss man das freihängende Tauwerk, damit keiner darüber stolpert. Es wird in Schlingen oder Ringe gelegt bzw. Buchten (Ringel im Tampen). Das ganze wird mit einem »halben Schlag« gesichert und über Belegnägel (Koffeinägel) weggehängt. »Aufschießen« ist auch das« Verholen for Smoke-Time« und das Verschnaufen nach anstrengender körperlicher Arbeit. Sollte nicht in Verdrücken ausarten.

Ausscheiden heißt Beendigung der Arbeit/Schicht. Man sagt aber »Ausscheiden mit Laden …«.

Autogeschirr ist kein technischer Zierat am Auto, sondern das zum Kranüberladen von Fahrzeugen eingesetzte Spezialgerät (Geschirr).

Baantje/Boontje ist der nach langer Seefahrtzeit erträumte Landjob, der Regelmäßigkeit und Auskommen beinhaltet.

Baas, Boos oder auch Boss: Früher der Meister an Land, so z.B. der für Mannschaftsanwerbung und -anmusterung der Schiffe tätige »Heuerbaas«. Ein »Baas von Kerl« ist ein besonderes Prachtexemplar an Vitalität und Gewichtigkeit.

Back hat mehrfache Bedeutung: der vorderste Aufbau auf dem Oberdeck, die Speisenschüssel an Bord, der Esstisch im Speiseraum.

Bambuse war ursprünglich der ungelernte Seemann; gilt aber auch für einen, der sich geschickt davonhilft, weil er alles (aber doch nicht so ganz richtig) kann.

Bargen sind die schwimmfähigen Ladungscontainer in Pontonform, die von Schleppern bewegt und per Schwergutkran/Schwergutbaum übernommen bzw. bei entsprechend konstruierten Schiffen ins geöffnete Schiff eingeschwommen werden.

Beerkutscher wird der Lkw-Fahrer der Brauerei genannt, der Exportgut oder Schiffsbedarf anliefert und für das Auffüllen der Kantine sorgt.

Belegen einer Leine bedeutet das Festmachen einer Trosse oder eines Seiles an einem Poller oder einem Belegnagel. Wenn es dagegen heißt: »An dem kann man kein Tau belegen/festmachen«, ist damit ein unzuverlässiger Zeitgenosse gemeint.

Berufsgenossenschaft hat als vornehmliche Aufgabe den Unfallschutz und die Unfallverhütung für die von ihr betreuten Berufsgruppen wahrzunehmen.

Bickbeernschweizer sind alle jene Nichtbremer, die aus südlicher Richtung die Domtürme nicht mehr erblicken können. Sie können dafür im nahen Wald Bickbeeren (Blaubeeren) suchen. In geografischer Verwandtschaft gehören sie zur Bevölkerungsgruppe der »Quittjes«, wozu auch Zugereiste und Zugewanderte zählen.

Blaubüdel kommt von der blauen Arbeitsbluse des Zimmermannes und Schiffszimmermannes, der im Hafen auch Holtbuck oder Holtwurm genannt wird.

Blaumann wird die blaue Uniformjacke, auch der blaue Arbeits-Overall (Blaujacke) genannt.

Blitz gilt als scherzhafte Berufsbezeichnung für den Bord-Elektriker, während der Funker bezeichnenderweise Funken-Puster heißt.

Bonschenkocher nannte man früher den steifen Hut der Gütermesser, nämlich den Bowler (auch »Börsenstahlhelm »genannt).

Bootshaken: »Fief Finger is de beste Bootshaken«, meint der alte Bootsmann und will damit sagen, dass auf das eigene Zupacken noch immer der beste Verlass ist.

Brecheisen/Brechstange wird benötigt, um Pallungen zu lösen, evtl. auch mittels »Kuhfuß«. Nimmt man dann noch den großen Vorschlaghammer hinzu, ergibt das zusammen das sog. »Monrovia-Besteck«, das man demjenigen als einzig geeignetes Handwerkszeug zuschreibt, der mit empfindlichen Dingen ohnedies nicht umgehen kann.

Bremerjack soll dem »Friesenhemd« vergleichbar sein und ist ursprünglich ein blaues Arbeitshemd gewesen. Dazu gehört entweder die blaue Mütze oder eine Ballonmütze, die auch »Wolkenschieber« genannt wird.

Broken gehören zum Ladegeschirr als Netzbroken, Tuchbroken.

Büdelneiher, Scherzname für den Segelmacher.

Budenschreiber heißt der Büroangestellte im Schuppen, der sich mit den Ladungspapieren zu beschäftigen hat. Er unterscheidet sich vom Büroangestellten in der Stadt dadurch, dass jener »Kantorknüppel« oder »Bockforzer« genannt wird.

Buscherundje oder **Buscherump** ist der inzwischen schon fast verlorengegangene Name für den blauweiß gestreiften leinenen Arbeitskittel.

Butenbords bedeutet, über die Schiffsreling hinweg nach außenbords zu arbeiten, z.B. Überladung in ein längsseits liegendes Binnenschiff.

Butenbremer sind Bremer, die nur außerhalb Bremens wohnen; mithin also keine Quittjes und Bickbeernschweizer.

Butjer ist eine Bezeichnung für den echten Bremer Jungen, der sich überall zurechtfindet.

Chinamann – der an Bord mancher Schiffe tätige (chinesische) Wäscher.

Coil wird im Hafen als »Keul« gesprochen (und manchmal so geschrieben) und ist das englische Wort für groben Bandstahl in Rollen, also sehr schwergewichtige Ladung.

Dalben/Duckdalben dienen zum Festmachen der Schiffe im Strom und sind die gruppenweise eingerammten Festmache-Pfähle, früher aus Rundhölzern und heutzutage aus Profileisen. Der Name soll angeblich von dem Duc d'Alba kommen, dem Befehlshaber der spanischen Armada, der seine Flotte zum Schutz vor Überfällen an solchen Pfählen festmachen ließ. Im Hafen sagt man: »Das Schiff liegt an den Pfählen.«

Dampfer mit kohlebefeuertem Dampfkessel gibt es heute kaum noch. Dennoch heißt beim Hafenarbeiter das im Hafen liegende Schiff weiterhin »de Damper«, manchmal mit dem erklärenden Zusatz nach der Ladung wie »Papier-Damper«, »Fischmehl-Damper« usw. Mit »een olen Ratten-Damper« wird ein Schiff bezeichnet, dessen Erhaltungszustand sehr zu wünschen übrig lässt.

Decksmann hat zweierlei Bedeutung: Als Hafenarbeiter ist es der an Deck stehende Verbindungsmann (Wahrschaumann) zum Einwinken der Kranhieve. Als Seemann ist es der ungelernte Matrose.

Deern als Hafenbesucher ist auch für den Hafenarbeiter ein Anlass sich umzudrehen und ein paar freundliche Worte hinterherzurufen. Ist sie besonders schnuckelig anzuschauen, dann ist es »ne Poppedeidei«, ansonsten rangiert sie unter Deidei, auch Deidsche.

Dobbass als schwergewichtiges Ladungsstück muss schon mit dem Schwergutkran bewegt werden. Das ist eben ein »Mords-Trumm«. Beide Begriffe gelten aber auch für ein besonders gewichtiges Mannsbild.

Dösbaddel muss sich ein neugieriger Hafenbesucher nennen lassen, wenn er nur dumme (dösige) Fragen stellt. Kann auch derjenige sein, der sich bei der Arbeit zu umständlich oder zu dusselig anstellt. Redet er dann sogar noch dummes Zeug, ist er »een Tüünbüdel«.

Drahttau ist der Sammelbegriff für Drähte und Drahtseile. Tauwerk gilt für alle Leinen und Seile aus Natur- und Kunststoff-Fasern. Es gibt auch eine als Herkules bekannte Leine, das ist mit Draht verstärktes Tauwerk.

Dreckschute ist das längsseits des Seeschiffes liegende Binnenschiff zur Aufnahme der Schiffsabfälle (nach der Reinigung der Laderäume). Das vom Flussbagger geförderte Baggergut wird dagegen in die »Schlickschute« entleert, die auch als »Klappschute« konstruiert sein kann, zum« Verklappen« ihres Inhalts auf See.

Drehknüppel heißen die kantigen Holzknüppel zum Verdrillen der Spanndrähte bei der Ladungssicherung.

Dwarslöper kommt von dwars: verdreht, verquer, querlaufend und meint ursprünglich die Fortbewegungsweise des Krebses. Ist aber auch ein Zeitgenosse, der sich immer verquer stellt, und wird scherzhaft ebenfalls für den Gewerkschafts-Hafensekretär verwendet, der als »Hafenläufer« von Schiff zu Schiff eilt. Ein das Fahrwasser kreuzendes Fahrzeug dagegen kann schon eine Gefahr darstellen.

Dweil ist die seemännische Bezeichnung für den Feudel, also den Aufwischlappen, bei der Decksreinigung.

Einkommend gilt für Schiff und Ladung, nämlich das ankommende/einlaufende Schiff und die importierte/zu löschende Ladung. Dementsprechend »ausgehend« für auslaufend.

Ewerführer wird der Binnenschiffer genannt, der die Hafenschuten fährt. Heißt auf plattdeusch »de Slickschuber«.

Fant/Fent ist der landfein gekleidete Hafenbesucher, der als »doofer Fant« gilt, wenn er zuviel Dummes fragt. (Kommt aus dem Französischen von »enfant«.)

Fasshaken – Ladegeschirr zum Anschlagen von Fassgut.

Fastmokers/Festmacher bilden einen eigenständigen Hafenberuf, der für das »Anbinden« der Schiffe, d.h. das Befestigen der Festmacheleinen, zuständig ist. Liefert mietweise auch bewegliche Landgangsstege = Gangways.

Faulenzer gibt es im Hafen nicht. »Faulenzer« als Drahtbezeichnung steht für »Preventer«, dem zweiten Befestigungsdraht zum Feststellen des Ladebaumes beim Arbeiten mit Schiffsgeschirr, mithin eine Sicherungstrosse.

Fegsel, siehe auch »Abfall«, Besonders eifrige Fegselsammler handelten sich dafür Spitznamen ein wie z.B. »Hasen-Vater«, »Tauben-Kalli«, »Kaninken-Schmidt«.

Fender sind geflochtene Polsterkissen aus Tauwerk, aber auch Kork- oder Gummipolster bzw. Reibhölzer zum Abfangen der Stöße beim Anlegen des Schiffes.

Fertigmachen eines Schiffes bedeutet das Anhängen von Überstunden an die letzte Ladeschicht, damit das Schiff sofort nach Beladen abfahren kann.

Fier weg! ist das Kommando für den Kranführer, die Kranhieve herabzulassen.

Fiesepampel/Fiesling ist ein ganz mieser Zeitgenossen, den keiner als seinen »Makker« haben möchte.

Fleutenheini wird der Rangiermeister bei der Waggonzustellung genannt, weil die Verständigung mit dem Lokführer und den Rangierern per Pfeifsignal erfolgt.

Flottenforz – Scherzname für einen zu klein geratenen Seemann.

Flunki – Scherzname für den Schiffs-Steward; wird aber auch für einen Kollegen verwendet, der viel herumflitzt.

»Fofftein« maken gilt heute für die halbstündige Frühstückspause, siehe auch unter »Anbiet«.

Fregatt – als »optakelt Fregatt« ist sie »een Froensminsch«, das modisch übertakelt wie ein Vollschiff angesegelt kommt.

Freitörn – wachfreie/dienstfreie Mannschaft.

Frikadellenschmied – scherzhafte Bezeichnung für den Schiffskoch, wenn er zuwenig Abwechslung in den Mahlzeiten bietet.

Frösche gibt es im Hafen als eine besondere Schäkelart, also als Drahtklammern zum Zusammenhalten von Drahttau.

Funkenpuster ist nicht schwer zu erklären, das ist der Funkoffizier an Bord, der in der Funkenbude sitzt. Nicht zu verwechseln mit dem »Blitz«, denn das ist der Bord-Elektriker.

Fuulbrass heißt die an der Reling aufgehängte Mülltonne bzw. der Abfallsack, denn der Schiffsunrat darf nicht ins Hafenbecken geworfen werden.

Fuuljan/Fuulpup dagegen ist der unbeliebte Drückeberger, den man im Gang keineswegs gebrauchen kann.

Gang bezeichnet die Arbeitsgruppe im Schuppen und an Bord. Dazu gehören ein Vorarbeiter und eine bestimmte Anzahl von Schuppenarbeitern bzw. Schauerleuten. Je nach Einsatz spricht man von Schuppengang, Bordgang, Außenbordsgang, Laschgang, »Schietgang« (zum Aufklaren) und nennt als unbeliebteste Institution »de Swatte Gäng« des Zolls, die nach Konterbande sucht.

Gangspill als aufrechtstehende Laufspindel wird benötigt, um ein Verholseil mittels Handspaken zu drehen und so das Verholen »per Hand« über kurze Strecken zu bewerkstelligen.

Gangway – der Landgangsteg des Schiffes.

Ganneff ist der eingebildete, aufgeblasene Jüngling, dem man keine Handarbeit zutraut und der sich als Hafenbesucher schon mal ein paar dumme Bemerkungen einfangen kann.

Garnier legen heißt, im Laderaum des Schiffes Stauholz auslegen, um darauf die Stückgutladung abzusetzen. Es kann sich auch darum handeln, den Raum mit »Garniermatten »auszulegen, um besonders empfindliche Ladung zu schützen und abzudecken.

Garnierte Runde ist »de lüttje Lage« oder, wie man in Hamburg sagt, »Lütt un Lütt«, also ein kleines Bier und ein großer Schnaps. Kurz gesagt also: »Sluck un Beer«.

Giraffe wird wegen seiner Hochbeinigkeit der Portalhubwagen zum Bewegen von Containern genannt.

Grabbeleisen nennt der Stauer das lose verladene Gusseisen, das per Hand aufgenommen und in »Tubs« gelegt wird für die Kranüberladung. Es muss eben »gegrabbelt« werden.

Grenzer gilt für den an der Zollgrenze (Hafentor) stehenden Abfertigungsbeamten des Zolls, aber auch für die am Zollgitter regelmäßig entlang laufende Zollstreife.

Gurte benötigt man im Hafen zum Umschlingen von kranbarer Ladung anstelle von Stropps, um »Eindrücke« zu vermeiden.

Gütermesser/Ladungs-Kontrolleur ist die Berufsbezeichnung für den »Tallymann«, der die Ladung kontrolliert, zählt, misst und auf Zustand und Vollzähligkeit kontrolliert.

Haben/Hafen – am, im und vom Hafen leben viele Bremer. Und so heißt es auf echt bremisch (missingsch): an'n Haben ankommen, bei'n Haben wohnen, nach'n Haben gehen, in'n Haben arbeiten, von'n Haben leben, zu' n Haben hörn.

Hafenarbeitskarte muss jeder über den Gesamthafenbetriebsverein vermittelte Hafenarbeiter und jeder bei der BLG und den Hafeneinzelbetrieben fest angestellte Lohnempfänger haben. Sie ist gewissermaßen sein Berufsausweis.

Hafenlatein gibt es überhaupt nicht. Im Hafen wird klar deutsch gesprochen, missingsch gequaddelt oder man schnackt platt. Und »lögenhaft Vertellen« gibt es auch nicht, wie jeder Hafenmensch ernsthaft versichern wird. Döntjes werden von Seeleuten »verzählt«, und »Schauermärchen« haben nichts mit den Schauerleuten des Hafens zu tun. Sonst siehe bei »Hei lücht!«.

Hasen laufen im Hafen keinesfalls wild herum. Ein von der Schicht mitgenommener »Holz-Hase« ist dagegen kleingeschlagenes und gebündeltes Abfallholz, das früher gern für den häuslichen Herd gesammelt wurde. In den schlechten Zeiten gleich nach dem Kriege verbarg sich darin häufig manch wertvolles Mitbringsel.

Hei lücht! = Er lügt! wird dem Hafenrundfahrts-Kapitän nachgerufen, wenn er seinen Fahrgästen den Hafen erklärt und es dabei mit den Begriffsdeutungen nicht so ganz genau nimmt.

Hein... als Bestandteil eines Spitznamens ist Hafenbrauch. z.B. Hein Veerkant für einen besonders vierschrötigen Gesellen; Hein Seemann für den Seemann schlechthin, denn der Hafenarbeiter rangiert unter »Jan Schuurmann«. Aber Heini verbindet sich dann schon mit besonderer Eigenschaft wie »Heini Kömnees« (wegen des starken Durstes). Andererseits ist auf platt »Du, Heini, hör mal to!« eine freundliche Aufforderung, während auf hochdeutsch »Sie Heini, Sie! ...« schon eine Beleidigung wäre.

Hiev up! ist das Kommando für den Kranführer, die Kranhieve zu »wuppen« (hochzuziehen) und »nach Land zu drehen«.

Holtbuck/Holtwurm meint den holzverarbeitenden Handwerker, also den Zimmermann/Schiffszimmermann (siehe »Blaubüdel«).

Hubstapler/Heber sind im Hafenjargon sämtliche Hub-, Gabelstapler und sonstige Hubfahrzeuge zum Bewegen von Ladung. Demgemäß wird der Fahrer eines Gabelstaplers als »Heberfahrer"bezeichnet.

Hungerkreuz war vor Jahren die abfällige Bezeichnung für die Schornsteinmarke einer Reederei mit einem Balkenkreuz; wohl um damit zu sagen, dass bei dieser Linie sparsam gewirtschaftet wurde.

Isenhöker hat mit Alteisen nichts zu tun, sondern das ist der Eisenwarenhändler, der auch »Pött un Pann« liefert.

Jan steht nicht nur als Abkürzung für den Vornamen Johann. Er verbindet sich zur Berufsbezeichnung als »Jantje« für den Seemann, der auch »Janmaat« heißt.

Job wird im Hafen Baantje/Boontje genannt.

Kahnschipper liegen mit ihrem Binnenschiff längsseits vom Seeschiff zur Anlieferung/Abfuhr von Stückgutladung und Massenstückgut.

Kalfakter sorgt für die Reinigung der Sanitärräume an Land.

Kalfatern dagegen ist die mühevolle Arbeit des Abdichtens der Nähte im hölzernen Decksbelag mit geteertem Werg und Vergussmasse.

Katzenköppe nennt man die mit Bandeisen verschnürten Wollballen.

Kink/Kinken dürfen im Tau- und Drahtwerk nicht sein, denn das wären schadhafte Ösen oder Draht- bzw. Faserbrüche. »Dor is een Kink in« soll besagen, dass eine Sache »nicht ganz astrein ist«.

Kleider dienen nicht der menschlichen Bekleidung, sondern sind Abdeckplanen = Abdeckkleider aus Segeltuch u. ä.

Knotenforz ist ein mickeriges Männlein, siehe auch »Flottenforz«.

Kollo/Kolli – die Mehrzahl des einzelnen Packstückes Kollo ist Kolli. Doch im Hafen heißt jedes Ladungsstück einfach nur »Kolli«.

Kombineschen steht für combination = Overall, dem einteiligen Arbeitsanzug.

Kombüse ist als Schiffsküche ein bekannter Begriff Wenn dem Smutt/Smutje nicht viel Abwechslung einfällt, wird sie zur »Frikadellenschmiede«.

Konterbande heißt jegliche Form von Schmuggelgut.

Kontorknüppel eignen sich nicht zur körperlichen Hafenarbeit. sie werden ihrer sitzenden Tätigkeit wegen als »Bockforzer« eingestuft.

Kranführer als Hafenarbeiter mit besonderer Fachschulung hat Anspruch auf entsprechende tarifliche Einstufung.

Kuhfuß kommt von der Form der bei der Ladungsarbeit benötigten Brechstange.

Kümo als Typenbezeichnung für ein Küstenmotorschiff ist im Inland als Abkürzung bekannt. Im Hafen lautet die Mehrzahl jedoch immer »Kümosen«.

Küper/Küfer – Berufsbezeichnung der Facharbeiter für Behandlung von Tabak, Wolle, Baumwolle bzw. Wein, Spirituosen.

Lade-/Löschleistung bezeichnet die im Durchschnitt per Gang und Schicht oder per Luke und Tag umgeschlagene Ladungsmenge. Zur Arbeitsvorbereitung gehört auch die Vorausberechnung der Lade/Löschleistung. Da wird überlegt, »wievielmal der Kran drehen kann« (in der Schicht). Das ergibt, wenn alles planmäßig läuft, die auf- oder abzusetzende Menge. Läuft es besonders gut, ist es »eine Ladung, die tonnt«, mit der man also »Tonnen machen kann«,

Als besonderer Anreiz kann eine bestimmte Menge als Schichtsoll vorgegeben werden, nach deren Erreichung dann »Ausscheiden« ist. Solchermaßen »Pensum geben« ist aus vielerlei (Sicherheits-) Gründen heute nicht mehr erlaubt.

Ladungskontrolleur, siehe Gütermesser.

Landgangsteg = Gangway, der Laufsteg vom Schiff zur Kaje.

Landseite. Je nach der Arbeitsrichtung wird im Hafen von »Arbeit nach Landseite »oder »Arbeit nach Wasserseite« gesprochen, d.h. also zum Waggon oder Schuppen hin oder nach außenbords.

Langspleiß ist beim Tauwerk das gegenseitige Eindrehen der einzelnen Tauwerks-Stränge (Kardeelen) zur Verbindung von zwei Tauwerksenden, ohne dass dabei eine Erhöhung der Tampenstärke entsteht. Es gilt scherzhaft auch für einen besonders lang geratenen Menschen, aber auch für lang verdünnte Suppen, Getränke oder besonders dünne Farben. Im Gegensatz dazu steht der »Kurzspleiß« entsprechend für kurz und dick.

Laschgang (siehe Gang) sorgt für die Ladungsbefestigung an Bord unter Verwendung von Laschdraht, Spannschrauben, Spannschlössern.

Leuwagen heißt an Bord der Schrubber zum »Reinschiff machen«.

Liftvanfahrer sitzt hoch oben auf dem Portalhubwagen = »Giraffe« zum Verfahren der Container im Hafen.

Lockergut vom engl. lock = Schloss; bezeichnet die im Schiff unter Verschluss liegende (wertvolle) Ladung.

Log ist sowohl die Methode der Geschwindigkeitsmessung des Schiffes als auch die Ladungsbezeichnung für schwergewichtiges tropisches Stammholz (logs).

Lögenhaft Vertellen gibt es im Hafen und an Bord jedenfalls nicht. Es werden höchstenfalls »Stories« oder »Döntjes« als (halbwahre) Geschichten erzählt. Nur wenn der Vorgesetzte/Meister »fettige Reden« hält, wird das als »Sprüche klopfen« abgetan.

Lorbass kann ein Hafenbesucher ebenso wie ein Arbeitskollege sein, wenn er groß und schwergewichtig ist.

»De Lüd anne Eck« waren vor dem Ersten Weltkrieg die vor dem Hafentor auf Arbeit wartenden Hafenarbeiter, die sich nicht in einem festen Anstellungsverhältnis befanden. Später war es die Bezeichnung für die »ständig unständig Beschäftigten«.

Luk/Luke heißen die Öffnungen in den Decks der Schiffe als Niedergänge und als Ladeluken. Nach Beendigung der Ladearbeiten werden die Luken geschlossen, heute per Knopfdruck oder Seilzug automatisch, evtl. mit Kranhilfe bei großen Pontondeckeln, Faltdeckeln, McGregor-Deckeln. Früher mussten die hölzernen Lukendeckel »angelegt«, d.h. von Scheerstock zu Scheersteck nebeneinander ausgelegt werden. Darüber kam ein Persenningtuch, das »Lukenkleid«, das seitlich mittels langer Flacheisen und mit »Lukenkeilen »festgesetzt wurde: Die Luken wurden »geschalkt«.

Lukenrand als »Süll« ist die etwa einen Meter bis mannshohe Umrandung der Lukenöffnung.

Am Lukensüll steht der Decksmann (Wahrschaumann) zum Einwinken der Hiev. »Er winkt mit dem Paddel«, weil er zur Verdeutlichung der Richtung ein Holzstück oder eine zusammengefaltete Zeitung in der Hand hat. Früher, bei den offenen Kranführergondeln, wurde noch nach oben hinaufgebölkt (gerufen), welche Richtung gemeint war; »nach Vegesack zu«, somit also stromabwärts, oder »nach Bremen zu«, das hieß stromaufwärts, bzw. »nach Walle zu« oder »nach Pusdorf zu«.

Lüttje Lage, siehe »Garnierte Runde«.

Makker ist der Kollege im Gang, mit dem man ständig (und gern) zusammenarbeitet.

Malings – an Bord und im Hafen wird keine Farbe gemalt, sondern es heißt seit eh und je »gemalen«. Fertige Malarbeiten sind »Malings«. Wenn es sich um Farbmarkierungen auf der Ladung handelt, sind es »Märks« (von engl. marks).

Mannloch ist eine Öffnung, durch die sich ein Mensch noch so gerade eben durchzwängen kann. (Die Schiffbauer scheinen nur schlanke Menschen zu kennen.)

Marlspieker gebraucht der Segelmacher als Dorn zum Aufweiten der Kabeldrehung beim Durchstecken des Spleißes.

Meister sitzen in der »Meisterbude« und sind die Vorgesetzten als Schuppenmeister, Bodenmeister, Lademeister, Rangiermeister.

Miesepeter muss sich ein schlechtgelaunter Kollege nennen lassen, der an allem etwas auszusetzen hat.

Monrovia-Besteck, siehe Brecheisen und Vorschlaghammer.

Mords-Trumm kann ein besonders schwer gewichtiges Ladungsstück sein, wozu auch »Dobbass« gesagt wird.

Mors am Poller ist nichts anderes, als dass einer auf dem Festmachepoller sitzt und sich verholt. Nur wenn es ihm aus irgendwelchem Grund die Sprache verschlägt und etwas ihn besonders überrascht, dann »hat es ihm den Mors vom Poller geputzt«, dann ist die Ruhe dahin.

Munkie von engl. monkey, steht für die »Munkie-Jacke«, also den wollenen blauen Überzieher der Seeleute, wozu man auch »Pi-Jacke« sagt; und findet sich als Sitzplatz der »Munkie-Bank« vorn an Deck und als »Munki-Reling« für die zusätzliche Sicherung über der eigentlichen Reling.

Naseweis ist der Besserwisser. Auf platt klingt das schon etwas freundlicher als »Neesweesen« oder als »Jan Neeschier«,

Ökelnomen sind die Spitznamen, die man sich wegen seiner persönlichen Eigenarten einhandelt; siehe z.B. unter Fegsel oder bei Heini …

Ostfriesennerz hat mit dem echten Nerz gar nichts gemein. Es ist die wetterfeste gelbe Öljacke, die sich großer Beliebtheit erfreut.

Palaver gibt es nicht nur im Negerkral. Es ist die allgemeine Diskussion um nichts. Und wenn alles durcheinander redet und keiner dabei richtig zu Worte kommt, heißt es schließlich: »Wir sind hier doch nicht in Luke drei!«

Pallen/Pallings – die Ladung mit starken Balken abstützen.

Persenning aus wasserdichtem Gewebe wird als »Abdeckkleid« verwendet und heißt bei der Lukenabdeckung dementsprechend »Lukenkleid«.

Pfähle zum Festmachen der Schiffe sind die Dalben/Duckdalben. Wenn »ein Schiff an den Pfählen liegt«, wartet es auf weitere Abfertigung. Jedoch wenn »ein Schiff an der Kette liegt«, ist damit die symbolisch um den Mast geschlungene Kette des Gerichtsvollziehers gemeint zur dinglichen Sicherung von Ansprüchen gegen Schiff und Reeder.

Piek als Vorpiek meint den vordersten spitzen Raum des Schiffes. Im übertragenen Sinne meint »Vorpiek lenzen« das männliche Wasserlassen.

Plünnenhöker heißt der Uniformenlieferant und der Textilhändler, der die Besatzung mit Berufsbekleidung versorgt.

Poppedeidei gilt als durchaus liebevolle Bezeichnung für eine schnuckelig anzusehende Deern.

Putz gilt für Polizist, Schutzmann.

Quakkopp ist ein Besserwisser, der an allem etwas auszusetzen hat.

Quengelbüdel ist ein Nörgelheini, dem nichts gefällt.

Quesenbüdel ist ein Unzufriedenheitsapostel, der alles nur negativ sieht.

Alle drei sind unerfreuliche Arbeitskollegen, für die alles nur Quatsch ist. Dafür fabrizieren sie selbst eigentlich auch nichts anderes als Quatsch.

Quittjes gilt als Sammelbegriff für alle Zugelaufenen, Zugereisten und angrenzenden »Südländer«, die sich noch nicht in Gehabe und Gepflogenheit bremisch integriert haben.

Rabbeltuch hat mit rabbeln = »viel reden« nichts zu tun, sondern ist Jargonbegriff für Rappertuch, also Abdeckkleider aus Jute (Rapper).

Radlader werden an Bord ähnlich wie Gabelstapler eingesetzt und sind Schaufelradlader zum Transportieren loser Ladung wie z.B. Roheisen in Stücken, Pflastersteine usw.

Rangierpause dient zum Heranfahren von Waggons während der Arbeitspause im Hafen, in der Schicht oder als größere Rangierzeit zwischen den Arbeitsschichten.

Rattenbleche werden die Schutzschilder über den Festmacheleinen genannt, die das Überlaufen von Ratten auf das Schiff verhindern sollen.

Rattenboden nennt man die seitliche Erhöhung im Unterraum.

Rattendampfer – äußerst fragwürdiger Erhaltungs- und Pflegezustand des Schiffes.

Regenwartezeit ist bezahlte Arbeitszeit, wenn bestellte Arbeitsgänge aus Witterungsgründen nicht oder nicht voll arbeiten können.

Rock-en-roll-Damper sagt der Hafenarbeiter zum »Roll-on/Roll off-Vessel«, bei dem die Lastwagen und Trailer über die auf dem Kai aufliegende Laderampe des Schiffes (Heck- oder Bugrampe) direkt in den Laderaum rollen können.

Sabbelmors redet ständig unqualifiziertes Zeug, weil das Mundwerk schneller ist als die Gedanken.

Sackkarre war in früheren Zeiten ein ebenso unersetzliches Hafenrequisit wie der Stauhaken, also ein »manuelles Flurfördergerät«. »Hein, schuuw du man de Karr, du hest all' n krummen Puckel!« war die einfachste Form der Rationalisierung.

Schaapstall – wegen des Gedränges der auf Vermittlung wartenden Hafenarbeiter so genannte Verteilerstelle.

Schauer, niederdeutsches Wort für Schuppen und Speicher (Spieker), davon abgeleitet Schauermann für Hafenarbeiter. Nennt sich selbst stolz »Jan Schuurmann«.

Schaufellader abgekürzt für Schaufelradlader, siehe Radlader.

Scheerstock = Scherstock liegt in der Lukenöffnung querschiffs als Profilbalken und dient zur Aufnahme der längsschiffs einzusetzenden Lukendeckel, siehe Luk/Luke.

Scheuerleiste als Fenderleiste außen am Schiff zum Abfangen von Stößen, aber auch in der Stauung zur Absicherung gegen Berührungsstöße.

Schicht – Arbeitszeiteinteilung im Hafen:
Frühschicht, Spätschicht, Nachtschicht, Tagesschicht, Wechselschicht, Sonn- und Feiertagsschichten. Die kurze, gutbezahlte Wochenendschicht wurde früher als »Kavaliersschicht« bezeichnet.

Schiemannsgarn ist nicht das sprichwörtliche Seemannslatein, das als Segelgarn abgespult wird, sondern meint dünnes geteertes Tauwerk/Garn zum Umwickeln von Spleißstellen.

Schiet braucht nicht erklärt zu werden und wird sogar von nur hochdeutsch sprechenden Mitbürgern verstanden. Der »Schietenkleier« ist der für Reinigungsarbeiten eingesetzte Kalfakter.

Schiffsbefestiger, siehe Fastmokers/Festmacher.

Schiffszettel wird vom Ladungsoffizier des Schiffes als Gesamtquittung für die empfangene Ladung unterzeichnet.

Schippschendler = Shipchandler ist der Proviant und Ausrüstung liefernde Schiffshändler.

Schlagpütz – kleinerer Wassereimer mit angespleißtem Haltetau zum Schöpfen von Seewasser bei Reinigungsarbeiten.

Schlagtörn – Verdrehung in einer Trosse = Kink.

Schmeißleine hat am Wurf ende einen geflochtenen Knoten, in dem ein Eisenkern steckt. Sie wird dem Festmacher zugeworfen zum weiteren Beiholen der Festmacheleine.

Schmuggeln, siehe Konterbande.

Schmutzgeldkommission wird zusammengerufen zur Festlegung eines Schmutzgeldzuschlages, wenn bestimmte Ladungsgüter bearbeitet werden müssen.

Schneidjefiedel, Schnösel, Schnodderbaas sind spöttische Bezeichnungen für Hafen besucher, wenn diese dem Stauer oder dem Seemann durch Benehmen oder Fragen »auf den Wecker fallen«.

Schot belegen bedeutet »ein Tau festmachen«, was im Hinblick auf die Zuverlässigkeit des Kollegen eine bedeutungsvolle Aussage ist.

Schott setzen – Errichtung einer Trennwand z.B. zur Abgrenzung von Ladung als Querschott oder Längsschott (in Schiffsrichtung).

Schubbsmors ist ein Zeitgenosse, der sich durch den Gebrauch der Ellenbogen (und Beiseitedrängeln mit dem Mors) Platz verschafft.

Schuppenarbeiter = Schauermann.

Seeklarmachen nach Ladeschluss heißt Luken schließen, die Ladebäume runterlegen, Schiff abreisefertig aufklaren.

Segelmacher/Seiler macht alle Tauwerks- und Segeltucharbeiten und wird »Seilmoker« genannt oder auch »Büdelneiher«. Sein Segelhandschuh ist ein mit Metallplatten verstärkter Lederriemen zum Durchdrücken der Segelnadel.

Seitenpforten heißen die Ladepforten (als seitliche Öffnungen in der Bordwand).

Sicherheitsgurt braucht auch der Seemann beim Ersteigen der Wanten und bei der Arbeit auf der Außenbords-Stellage sowie bei der Tätigkeit an geöffneter Luke/Zwischendeck. Der Stauer hat ihn ebenfalls anzulegen, wenn er auf mehrfach übereinander stehenden Containern hantiert.

Smoketime ist die kurze Verschnaufpause auf eine Zigarettenlänge – jedoch an Deck und im Raum sowie auf der Kaje und im Schuppen aus Sicherheitsgründen keine Raucherlaubnis.

Smutt/Smutje wird im allgemeinen der Schiffskoch genannt und gilt als »Sonnyboy«, wenn es ein schwarzer ist. Der Koch wird »Chef« gerufen im Gegensatz zum »Chief« (Ing.).

Sonnenbrenner sind die hellen Deckstrahler für Ladungsarbeit am Abend und bei Nacht.

Speckaale als Ladung sind keinesfalls essbar, sondern Rohre oder Langeisen in Bunden, die als Korrosionsschutz eingefettet sind.

Specksnieder = Speckschneider war früher der jüngste Schiffsoffizier, der den Proviant verwaltete und dem Koch die benötigten Mengen zuzuteilen hatte. Gilt auch für den Fleisch- und Frischproviant liefernden Schiffshändler. War sogar auch einmal eine Partei-Werbefigur im bremischen Bürgerschaftswahlkampf.

Spieker = niederdt. Wort für Speicher, siehe Schauer.

Spleiß = Ineinanderarbeiten von zwei Tauwerksenden (s. Langspleiß). Dazu sagt der Bootsmann und der Segelmacher: »Un is de Spleiß ok noch so good, he mutt doch rullt weern mit den Foot!«

Ständig unständig Beschäftigte klingt als Wortspiel zunächst etwas verworren. Es sind diejenigen Hafenarbeiter mit Hafenarbeitskarte, die über den Gesamthafenbetriebsverein laufend an die Hafeneinzelbetriebe entsprechend den täglichen Anforderungen vermittelt werden. Sie sind also nicht ständig bei der gleichen Firma eingesetzt und deshalb »unständige Arbeiter«.

Stauhaken ist gewissermaßen die verlängerte Hand des Hafenarbeiters zum Kanten von Kisten. Der als Tellerhaken geformte Sackhaken wurde früher bei Sackgutverladung benutzt. Der Gebrauch von Haken ist aber im Aussterben.

Steek/Stek kommt von durchstecken = »steeken« des Schiffsknotens beim Befestigen (Belegen) von Tauwerk.
Steg als Kurzwort für den Landgangssteg = Gangway.

Stopp! = Wenn der Kran in der Hiev anhalten soll, wird auch gerufen: »Hol stief dat Peerd!«

Stopper kann als Bremswirkung auf eine Trosse oder Kette aufgesetzt werden. Als Stopper wird im Hafen auch eine Arbeitszeitunterbrechung bezeichnet, wie sie sich z.B. unfreiwillig ergibt, wenn die Ladung nicht schnell genug nachkommt.

Stropp heißt ein Stück Tau- oder Drahtwerk mit eingespleißten Augen/Ösen zum Einschlingen von Lasten beim Hieven.

Süll, siehe Lukensüll – Lukenrand.

Suupsack würde an Land als Wermutbruder rangieren. Die verantwortungsvolle Ladungsarbeit, aber auch die Sicherheitsvorschriften lassen im Hafen solche Trinkgewohnheiten nicht zu. Es heißt zwar: »Een lütten Drink in de Morningtime is beter as den ganzen Dag gar kein!« – Doch ist damit die erfrischende Flasche Bier bei »fofftein« gemeint. Nur in dummen Liedern ist der Seemann mit dem Rumbuddel verheiratet, deshalb wehrt er sich wie der Hafenarbeiter energisch gegen solche Einstufung.

Takelmann oder auch Takler sorgt für das Anbringen des »stehenden Gutes« und für das Einschießen des »laufenden Gutes«. Er ist der Takelfachmann. Die Bewicklung eines Tauendes mit Takelgarn wird »takling« genannt.

Tallymann, siehe Gütermesserl/Ladungskontrolleur.

Tampen ist ein Stück Tau bzw. ein Tauende. Früher erhielt der ungehörige »Tampsgast« damit seine Dresche. Im übertragenen Sinne wird beim »Anbiet« ein angebissenes Stück Käse oder ein Ende Wurst auch als Tampen bezeichnet.

Tauwerk = Sammelbezeichnung für jegliche Art von Leinen und Trossen aus Natur- und Kunststoff Fasern.

Timmerlüd/Schiffszimmerleute, siehe Holtbuck/Holtwurm.

Tonnen machen = »dat tonnt!« als Arbeitsleistung, siehe Laden.

Toppen/Auftoppen = Hochstellen der Ladebäume, damit die Luken für den Lösch-/Ladebetrieb geöffnet werden können.

Törn kann entweder ein Kink im Draht oder Tau sein, also eine Verdrehung oder eine schadhafte Stelle, oder die Einteilung zur Arbeit, wobei der Arbeitsbeginn »zutörnen« heißt. Freitörn ist Freiwache oder Freischicht. Und der Seemann spricht hinsichtlich seiner Arbeit von Hafentörn und Seetörn.

Tostand wird unter Whooling näher erläutert.

Traverse = Schwergutgeschirr, um ein breiteres Anschlagen zur besseren Lastenverteilung zu erreichen.

Trimm steht für Trimmlage, d.h. Schiff »liegt auf ebenem Kiel« (vorn und achtern gleiche Tauchtiefe) oder es »liegt auf dem Kopf« (also vorn mehr Tiefgang) oder es »liegt im Gatt« (achtern tiefer).

Tub (engl. Wort tub) für Ladeschale zur Aufnahme von loser Ladung.

Tuch als Segeltuch, Persenningtuch, Rappertuch usw. wird entsprechend seiner Verwendung auch als »Kleid« bezeichnet: Deckskleid, Regenkleid, Abdeckkleid.

Tünbüdel meint den liebenswerten Spinner, dem man nicht alles glauben darf, was er durcheinander redet.

Unständig Beschäftigte, siehe Erläuterung unter »Ständig unständig Beschäftigte«.
Verband wird nicht im medizinischen Sinne verstanden, sondern ist die Hafenbezeichnung für« Gewerkschaft«.

Verholen kann man sich selbst zur kurzen Verschnauf-Pause oder (was nicht sein sollte) sich verdrücken. Das Verholen des Schiffes als Liegeplatzwechsel erfolgt »über die Leinen«, wenn es nur ein kurzes Stück ist und ohne Maschinenkraft gemacht werden kann.

Zum Durchholen der Verholleinen bedient sich Schiff und Kajebetrieb des Verholspills.

Vermittlung heißt die tägliche Arbeitszuteilung. Die ständig Beschäftigten erfahren ihren Einsatzort durch den Hafeneinzelbetrieb, bei dem sie ständig tätig sind. Dagegen erfahren die ständig unständig Beschäftigten und die Aushilfsarbeiter beim »Schaapstall«, der Vermitdungsstelle, Näheres über die neue Arbeitsstelle.

Viez/Vize ist der Vorarbeiter im Hafen. Im Tarifvertrag gibt es dafür mehrere Eingruppierungsstufen mit entsprechend gestaffelten Zuschlägen, allgemein Vizengeld genannt.

Voller Schlag ist kein Tauwerksknoten, sondern ein voller Teller. Mit einem halben Schlag wird eine Leine belegt. Aber halber Schlag beim Essen ist nur eine halbe Portion, was als Bezeichnung für einen Menschen eher missbilligend klingt. »Nachfassen« beim Essen ist der Nachschlag.

Vorfeiertag versteht sich als besondere Hafengewohnheit, die sogar tariflich festgelegt ist. Gemeint ist damit die verkürzte Arbeits-Frühschicht mit Arbeitsende vor 12 Uhr am Tag vor einem hohen Feiertag (u.a. auch vor dem 1. Mai).

Vormann – Vorarbeiter im Hafen.

Wäger kommt mit der Dezimalwaage an Bord (und auch in den Schuppen) zum Verwiegen einzelner Ladungsstücke.

Wahrschaumann steht als Verbindungsmann zwischen den Arbeitern in der Luke und dem Kranführer an Deck und winkt die Kranhieve ein, siehe Decksmann.

Waschtagregelung – tarifliche Sondervereinbarung zum Ausgleich für arbeitspflichtige Sonnabende.

Watermann = Wassermann, der Wasserlieferant, welcher den Schlauchanschluss für die Frischwasserbelieferung herstellt.

Webeleine ist aus dünnem Tauwerk und wird benötigt zum »Ausweben« der Verbindung zwischen den Wanten, um sie somit wie eine Leiter besteigbar zu machen.

Wechselschicht, siehe Schicht.

Whooling/Wuhling kennzeichnet das hoffnungslose Durcheinander mit der absoluten Reizbarkeit aller gegen alle. Im Endeffekt ergibt sich daraus der gefürchtete »Zustand«, in der Flotte allgemein »Tostand« genannt.

Winschmann bedient bei den Lösch-/Ladearbeiten die Schiffswinden (Winschen).

Wolkenschieber – Ballonmütze des Hafenarbeiters.

Zampelbüdel kommt ursprünglich von »sample bag«, dem Musterbeutel beim Ziehen von Warenmustern; darin hat sich manchmal einiges an begehrtem Mitbringsel verborgen. So heißt »zampeln« auch soviel wie »besorgen/organisieren«. Und der Begriff »Zampel« steht heutzutage für jegliche Art von Umhängetasche des Hafenarbeiters.

Zimmerleute heißen im Hafen »Timmerlüd«, auch »Blaubüdel«.

Zollmops (als Wortspiel zum Rollmops) ist der Grenzer, also der am Hafentor stehende Zollbeamte bzw. der Zollbeamte allgemein.

Zurren meint die Ladungsbefestigung mittels Tauwerk.

Die allerletzte Prüfungsfrage

Prof. Buhse steht mit dem Examens-Aspiranten im Maschinen-Labor des »Technikums« in Bremen. Die mündliche Abschlussprüfung ist eigentlich schon beendet. Doch zur Überraschung des Kandidaten kommt noch »eine allerletzte Frage«: »Was ist die allererste Mechanik überhaupt, also die einfachste Maschine?«

Der suchende Rundblick auf die vielen aufgestellten Geräte und Modelle ergibt keinen Anhalt und führt zu keinerlei geeigneter Antwort. Der Prüfling muss also notgedrungenerweise versuchen zu raten oder irgendwie zu improvisieren, was ein echter Techniker ja ohnedies können soll. So antwortet er denn: »Der Einzylindermotor?«

»Nicht fehlerfrei, bitte noch einfacher!«

»Oder das Rad?«

»Das gibt es erst seit 3000 Jahren, die wahre Technik ist viel älter und simpler!«

»Vielleicht der Mensch?«

»Ach was, viel zu kompliziert und voller Problematik!«

Der Rest ist zunächst nur Grübeln und Schweigen, bis endlich vom Professor die erlösende Aufklärung kommt: »Na, mein Freund, ist doch ganz einfach: der Hebel – einfach so …« Und da soll einer sagen, Technik wäre ein ganz trockenes Thema.

Tschüss ok!

Wenn Snackeree to Ennen geiht
un allens best bekakelt is,
nah Huus us blots de Sinn noch steiht,
heet dat to'n Afscheed eenfach »Tschüss!«

Een Quittje kiekt us frogend an;
he stickt woll in Bekümmernis:
»Nun sagen Sie mal, bester Mann,
was heißt denn das? – So einfach Tschüss!«

Denn antern wi ganz krisch un fix:
Wer hier bi us opwussen is,
de weet darop man anners nix:
»Dat's good di geiht, drum seggt wi Tschüss!«

As goden Wunsch kannst dat verstohn:
»Bit anner Mol – un hol di frisch!«
Dat meent't bi'n Utnannergohn:
»Wi sehn us woller! – Na denn: Tschüss!«

Weitere maritime Titel in Vorbereitung ...

Maritime Editionen für Shiplover!

In dieser Reihe sind erschienen:

Bremer Schmunzelgeschichten
Auf gut Bremisch

Band 1

152 Seiten, 26 Illustrationen
Format 14 x 22 cm, Broschur

ISBN 978-3-95494-061-5
12,– Euro

Bremer Schmunzelgeschichten
Bremen Best !

Band 2

156 Seiten, 21 Illustrationen
Format 14 x 22 cm, Broschur

ISBN 978-3-95494-059-2
12,– Euro

Bremer Schmunzelgeschichten
Auf Neptuns Dreizack aufgespießt

Band 3

148 Seiten, 17 Illustrationen
Format 14 x 22 cm, Broschur

ISBN 978-3-95494-060-8
12,– Euro

Bremer Schmunzelgeschichten
Segg eenfach »Moiin!«

Band 4

144 Seiten, 32 Illustrationen
Format 14 x 22 cm, Broschur

ISBN 978-3-95494-063-9
12,– Euro

Der Autor

Ernst B. R. Dünnbier (Jahrgang 1921) ist »mit Weserwasser getaufter Tagenbarer«, hat sein Berufsleben als Einzelhandelskaufmann begonnen und wechselte dann vom Export über ins Schifffahrtsfach. In 34 Jahren Reedereitätigkeit im Stadtbüro und im Hafen, aufReisen und in der Personalbetreuung als Flottenbeauftragter hat er mit großem Interesse sehr viele Begebenheiten aus Seefahrt und Hafenbetrieb eifrig notiert, häufig interpretiert und freudig glossiert. Aus seinen Berichten, Vorträgen, Autorenlesungen und Rundfunksendungen ist diese Auswahl entnommen mit dem steten Wunsch: »Einer Seefahrt froh Gelingen«.

Die Illustratorin

Margret Rink (eben 70) ist »een reinroggen opwussen Neestädter Deern«, startete ihr Berufsleben als gelernte Bürokauffrau und ist »nebenbei und überhaupt« ausgebildete Volksschauspielerin und voll engagierte Plattdeutsche. Ihr Hobby sind Zeichnen und Theater. So stellt sie in beider Hinsicht gern Originale vor und Typen dar, und sie liebt es besonders, dabei Bremer Eigenheiten sichtbaren Ausdruck zu verleihen, so u.a. auch als meisterliche Krabbenpulexpertin, denn dazu gehören neben dem allzeit flotten Mundwerk auch ebenso flinke Finger, »denn flutscht dat ok«!